U0895770

构建“一带一路”产能合作网络

国务院发展研究中心“一带一路”课题组 著

Building B&R
Industrial Cooperation Network

图书在版编目（CIP）数据

构建“一带一路”产能合作网络/国务院发展研究中心“一带一路”课题组著. —北京：中国发展出版社，2020.11

ISBN 978-7-5177-1146-9

Ⅰ.①构… Ⅱ.①国… Ⅲ.①“一带一路”—国际合作—研究 Ⅳ.①F125

中国版本图书馆CIP数据核字（2020）第214044号

书　　名：构建“一带一路”产能合作网络
著作责任者：国务院发展研究中心“一带一路”课题组
出版发行：中国发展出版社
联系地址：北京经济技术开发区荣华中路22号亦城财富中心1号楼8层（100176）
标准书号：ISBN 978-7-5177-1146-9
经　销　者：各地新华书店
印　刷　者：北京市密东印刷有限公司
开　　本：710mm×1000mm　1/16
印　　张：14.25
字　　数：178千字
版　　次：2020年12月第1版
印　　次：2020年12月第1次印刷
定　　价：65.00元

联系电话：（010）68990625　68990692
购书热线：（010）68990682　68990686
网络订购：http://zgfzcbs.tmall.com
网购电话：（010）68990639　88333349
本社网址：http://www.develpress.com
电子邮件：174912863@qq.com

DRC

2020

国务院发展研究中心研究丛书

“塑造‘一带一路’产能合作网络研究”课题组

总负责人：

马建堂　国务院发展研究中心党组书记、研究员

执行负责人：

隆国强　国务院发展研究中心党组成员、副主任、研究员

研究负责人：

张　琦　国务院发展研究中心对外经济研究部部长、研究员

罗雨泽　国务院发展研究中心对外经济研究部副部长、研究员

协调人：

宗芳宇　国务院发展研究中心对外经济研究部三级调研员、副研究员

课题组成员：

王　微　国务院发展研究中心市场经济研究所所长、研究员

王金照　国务院发展研究中心信息中心主任、研究员

王　青　国务院发展研究中心市场经济研究所副所长、研究员

项安波　国务院发展研究中心企业研究所副所长、研究员

张丽平　国务院发展研究中心金融研究所副所长、研究员

李　燕　国务院发展研究中心产业经济研究部二级巡视员、研究员

周　毅　国务院发展研究中心产业经济研究部一级主任科员、助理研究员

许宏强　国务院发展研究中心对外经济研究部研究室主任、研究员

赵福军　国务院发展研究中心对外经济研究部研究室主任、研究员

陈红娜　国务院发展研究中心对外经济研究部一级主任科员、助理研究员

李汉卿　国务院发展研究中心市场经济研究所研究室副主任、副研究员

许英杰　国务院发展研究中心企业研究所副研究员

陈　宁　国务院发展研究中心金融研究所副研究员

薄　岩　国务院发展研究中心金融研究所办公室副主任、助理研究员

周太东　国务院发展研究中心中国国际发展知识中心综合处处长

申　秋　国务院发展研究中心中国国际发展知识中心副研究员

高庆鹏　国务院发展研究中心办公厅三级调研员、副研究员

盛彩娇　国务院发展研究中心对外经济研究部实习研究员

钱　婷　北京工业大学经济与管理学院副教授

鲁　媛　商务部国际贸易经济合作研究院产业所研究人员

曹　莉　中央财经大学国际经济与贸易学院博士生

刘雨枫　北京交通大学博士生

总　序

为决战决胜全面建成小康社会贡献高端智库更大智慧和力量

马建堂

2020年是全面建成小康社会决战决胜之年和“十三五”规划收官之年。面对突如其来的新冠肺炎疫情，在以习近平同志为核心的党中央坚强领导下，全国人民以习近平新时代中国特色社会主义思想为指导，坚决贯彻落实中央各项方针政策，紧扣全面建成小康社会目标任务，统筹推进疫情防控和经济社会发展工作，迎难而上、奋力拼搏，决战决胜全面建成小康社会，确保如期全面建成得到人民认可、经得起历史检验的小康社会。

小康社会是中华民族对幸福生活的千年期盼，全面建成小康社会是中国共产党的奋斗目标和庄严承诺。党的十八大以来，以习近平同志为核心的党中央顺应我国经济社会新发展和广大人民群众新期盼，提出了全面建成小康社会新的目标要求，赋予了“小康”更高的标准、更丰富的内涵、更全面的要求。全面建成小康社会，是“两个一百年”奋斗目标的第一个百年奋斗目标，是中国共产党向人民、向历史作出的庄严承诺，是中国特色社会主义进入新时代的重大历史任务，也是乘势开启全面建设社会主义现代化国家新征程、实现中华民族伟大复兴中国梦的重要里程碑，具有十分重要的实践意义、历史意义和世界意义。在习近平新时代中国特色社会主义思想指引下，我国决战全面建成小康社会生动展开、决胜在即。

一是经济迈向高质量发展。习近平总书记指出，我国经济已由高速增长阶段转向高质量发展阶段，正处在转变发展方式、优化经济结构、转换增长动力的攻关期。以经济建设为中心是兴国之要，经济迈向高质量发展是全面建成小康社会的重要物质基础。党的十八大以来，我国积极推进一系列体制机制改革和政策创新，大力推动经济发展质量变革、效率变革、动力变革，经济高质量发展取得了显著成效。2012～2019年，我国经济增长平均速度达到7.0%，在世界主要经济体中保持领先，持续成为推动世界经济增长的动力源。2019年，我国GDP达到990865亿元，接近100万亿元，人均GDP按年平均汇率折算达到10276美元，标志着我国经济发展迈上了新的台阶。同时，产业结构持续优化，制造业内部结构升级趋势明显，化解产能过剩取得实效，供给体系质量逐步提高。

二是创新驱动成效显著。习近平总书记强调，创新是引领发展的第一动力。全面建成小康社会，解决我国发展面临的突出短板问题，守住安全底线，提高发展的平衡性、包容性和可持续性，根本的出路唯有实现创新驱动。党的十八大以来，我国持续加大创新资源投入，通过全面深化改革不断释放和激发全社会的创业创新热情，自主创新能力显著增强，创新型国家和人才强国建设取得决定性进展。2012～2019年，全社会研发经费投入从10298亿元增长到21737亿元，7年间翻了一番，目前研发经费支出占GDP比重已达到2.19%，超过欧盟15个初创国家平均水平。持续投入结出了累累硕果，我国在基础研究、前沿技术等领域取得诸多重大突破，产生一批在世界上叫得响、数得着的重大成果。创新对经济社会发展的引领力不断增强，全员劳动生产率稳步提高，2019 年已达到 115009 元/人。科技与经济深度融合，智能制造、无人配送、在线消费、医疗健康等新产业新业态新商业模式持续高速发展，对经济社会发展的支撑作用不断增强，不少领域在全世界处于领先水平，这一点在新冠肺炎疫情暴发期间表现得尤为突出。

三是发展协调性明显增强。习近平总书记指出，现代化建设各个环节、各个方面要协调发展，不能长的很长、短的很短。协调发展是全面建成小康社会的应有之义。从发展目标上说，协调就是要让全体人民共享发展的成果；从发展手段上说，协调就是要扬长避短，既要巩固和厚植原有优势，也要着力破解难题，补齐短板，克服"木桶效应"，从而提高整体发展质量，挖掘发展潜力，增强发展后劲。党的十八大以来，我国一系列重点发展战略举措都体现了协调发展的理念，取得了明显成效。在区域协调发展方面，我国提出了京津冀协同发展、长江经济带发展、粤港澳大湾区建设、长三角一体化发展、黄河流域生态保护和高质量发展等重大战略，持续支持革命老区、边疆地区、贫困地区加快发展，不断缩小地区发展差距。2019 年我国东部地区人均 GDP 是西部的 1.76 倍，比 2012 年下降了 0.08 倍。反映 31 个省区市人均 GDP 不均等程度的基尼系数从 2012 年的 0.237 下降到 2019 年的 0.235。在城乡协调发展方面，着力实施乡村振兴战略，坚持工业反哺农业、城市支持农村和多予少取放活的方针，促进城乡资源均衡配置，加快推进农业农村现代化步伐。2019 年城镇居民人均可支配收入是农村居民的 2.64 倍，比 2012 年明显下降。

四是人民生活水平和质量普遍提高。习近平总书记强调，让老百姓过上好日子是我们一切工作的出发点和落脚点。全面建成小康社会，人民是最终的阅卷人，必须坚持以人民为中心的发展理念，紧紧抓住人民最关心最直接最现实的利益问题。2013～2019年，我国全年城镇新增就业人数都在1300万人以上，在一个有14亿人口的大国实现了比较充分的就业。2012～2019年，我国居民人均可支配收入从16510元增长到30733元，收入分配差距问题有所缓解，中等收入人口比重持续上升，经济增长和社会发展成果真正被广大人民共享。截至2019年底，全国参加城镇职工基本养老保险的有43482万人，参加城乡居民基本养老保险的有53266万人，参加基本医疗保险的有135436万人。作为一个发展中国家，我国建成了全世界覆盖面最广的社会保障网，有效解除了广大人民的后顾之忧。全面小康是惠及全体人民的小康，是没有一个人掉队的小康，其中最艰巨的是打赢精准脱贫攻坚战。习近平总书记多次强调，小康不小康，关键看老乡。2012～2019年，我国年末贫困人口从9899万人减少到551万人，连续7年年均减贫1000万人以上，9000多万人已经稳定脱贫，贫困发生率从10.2%降到0.6%，脱贫攻坚取得了决定性成就。这是人类减贫史乃至发展史上前无古人的壮举。

五是国民素质和社会文明程度显著提高。习近平总书记指出，只有物质文明建设和精神文明建设都搞好，国家物质力量和精神力量都增强，全国各族人民物质生活和精神生活都改善，中国特色社会主义事业才能顺利推向前进。党的十八大以来，中国梦和社会主义核心价值观深入人心，已经内化为人们的精神取向、外化为人们的自觉行动，成为当代中国精神的集中体现，凝结着全体人民共同的价值追求。随着对教育、卫生等公共事业的持续投入，2018年我国劳动年龄人口的平均受教育年限达到10.63年，人均预期寿命达到77岁，国民思想道德素质、科学文化素质、健康素质明显提高，为创建知识型、技能型、创新型劳动者大军提供了坚实人力基础。特别是在2020年初新冠肺炎疫情暴发后，习近平总书记亲自指挥、亲自部署，始终把人民群众生命安全和身体健康放在第一位，带领全党全国人民打响疫情防控的人民战争、总体战、阻击战，并迅速扭转局面，取得疫情防控持续向好态势，有力保障了人民健康安全。

六是生态环境质量总体改善。习近平总书记强调，环境就是民生，青山就是美丽，蓝天也是幸福。良好的生态环境是最公平的公共产品和最普惠的民生福祉，是全面建成小康社会的重要内容，否则，就会影响小康社会的“成色”。党的十八大以来，我国明确实行了最严格的生态环境保护制度，逐步健全了以主体功能区制度为核心，以源头预防、过程控制、损害赔偿和责任追究为主要内容的生态文明制度体系。党的十九大提出要坚决打好污染防治攻坚战，以改善生态环境质量为核心，以解决人民群众反映强烈的突出生态环境问题为重点，围绕污染物总量减排、生态环境质量提高、生态环境风险管控三类目标，全面推进蓝天保卫战，着力打好碧水保卫战，扎实推进净土保卫战，大力开展生态保护和修复，强化生态环境督察执法，保证党中央关于生态文明建设决策部署落地生根见效。由于这些努力，近年来我国环境质量改善速度之快前所未有，生态环境发生了历史性、转折性和全局性的变化。空气质量明显改善。2019年，在监测的337个地级及以上城市中，空气质量达标的城市占46.6%，比最近可比的2015年提高了25个百分点；全国细颗粒物（PM2.5）未达标地级及以上城市的年平均浓度为40微克/立方米，比2015年下降了29.8%。水环境质量明显好转。全国地表水Ⅰ－Ⅲ类水体比例达到70%以上，劣Ⅴ类水体比例控制在5%以内。能源资源消费更加集约。2019年，每万元国内生产总值用能量为0.49吨标煤，比2012年下降了24.5%；每万元国内生产总值用水量67立方米，比2012年下降了38.8%。

七是各方面制度更加成熟更加定型。习近平总书记指出，新时代改革开放具有很多新的内涵和特点，其中很重要的一点就是制度建设分量更重，改革更多面对的是深层次体制机制问题，对改革顶层设计的要求更高，对改革的系统性、整体性、协同性要求更高，相应地，建章立制、构建体系的任务更重。全面小康是我国近现代发展史上的一次重大历史变革，其建成、巩固以及在此基础上开启我国社会主义现代化国家建设新征程，都要依靠沿着正确方向深化改革形成的成熟定型的国家制度和国家治理体系。党的十八届三中全会开启了全面深化改革、系统整体设计推进改革的新时代。近几年来，我国坚持和完善党的领导制度体系、人民当家作主制度体系、中国特色社会主义法治体系、中国特色社会主义行政体制、社会主义基本经济制度、繁荣发展社会主义先进文化的制度、统筹城乡的民生保障制度、共建共治共享的社会治理制度、生态文明制度体系等，主要领域的基础性制度体系基本形成，重要领域和关键环节改革成效显著，按制度办事、依法办事意识普遍提高，运用制度和法律治理国家的能力显著增强，各方面制度优势正不断转化为管理国家的效能，为全面建成小康社会提供了强大制度保障。

在决战决胜全面建成小康社会的宏伟征程中，国家高端智库肩负着光荣而重大的职责使命。今年以来，国务院发展研究中心深入学习贯彻习近平新时代中国特色社会主义思想，深入学习贯彻习近平总书记重要指示批示精神和党中央决策部署，扎实开展“不忘初心、牢记使命”主题教育，不断增强“四个意识”、坚定“四个自信”、做到“两个维护”，党的建设自觉性主动性和初心使命意识进一步增强，为党咨政、为国建言的质量进一步提高，支撑主责主业、服务中央决策的能力进一步提升，政务运转和服务保障工作进一步提效，国际交流合作机制进一步深化，“智库创新工程”带动智库体制机制建设实现新的突破，国家高端智库建设迈上新的台阶。

过去一年，我们围绕经济社会发展全局性、战略性、前瞻性、长期性和重点热点难点问题开展深入研究，推出一大批高质量研究报告，进一步提高了服务中央决策的能力和水平，共完成几十项中央交办重大课题，高质量完成长江三角洲区域一体化、海南自由贸易港制度与政策体系等多项重大研究任务。

呈现在读者面前的这套“国务院发展研究中心研究丛书2020”，就是一年多来中心部分代表性成果的集中展示。本年度丛书计划出版10余部著作，其中包括国务院发展研究中心重大研究课题报告和研究部（所）承担的重点研究课题报告。这也是“国务院发展研究中心研究丛书”自2010年至今连续第11年出版。11年来，丛书累计出书150余种，受到社会各界读者，特别是中央和地方各级领导同志以及政策咨询研究机构工作人员的高度关注和广泛好评，成为我国智库业界的知名出版物。在此，我谨代表国务院发展研究中心和丛书编委会，向广大读者表示真诚的感谢，希望丛书继续得到领导、专家、读者们的关心、指导和帮助。

当前，我国正站在一个开启全面建设社会主义现代化国家伟大征程的新起点上。国务院发展研究中心将更加紧密地团结在以习近平同志为核心的党中央周围，继续深入学习习近平新时代中国特色社会主义思想，全面贯彻党的十九大和十九届二中、三中、四中全会精神，不忘初心、牢记使命，唯实求真、守正出新，持续提高综合研判和战略谋划能力，加快智库体制机制创新，着力深化国际交流合作，奋力开拓国家高端智库建设新局面，为推进国家治理体系和治理能力现代化、决战决胜全面建成小康社会、实现“十三五”完美收官和“十四五”顺利开局、向第二个百年奋斗目标进军，贡献更大的智慧和力量！

2020 年 8 月 17 日

（作者为国务院发展研究中心党组书记、研究员）

序

高度重视"一带一路"产能合作

隆国强

自从习近平总书记在2013年提出"一带一路"倡议以来，在各方的共同努力下，"一带一路"建设取得了超出预期的成果，得到国际社会日益广泛的关注。这充分说明"一带一路"倡议具有强大生命力。随着"一带一路"建设进入精雕细琢的工笔画新阶段，产能合作的重要性进一步凸显。

深化"一带一路"产能合作是应对百年未有之大变局的需要。新技术革命迅猛推进，抢占新技术制高点的国际竞争日益激烈。全球经济格局深刻变化，发展不平衡与收入差距过大成为难以回避的矛盾。全球治理体系加速演变，争夺规则制定主导权的大国博弈更为激烈。面对百年未有之大变局带来的新挑战、新机遇，深化"一带一路"产能合作，是在危机中育新机、于变局中开新局的重大举措，有利于共同维护开放型世界经济，推动建设人类命运共同体。

深化"一带一路"产能合作是重构国际产业分工网络的需要。国际产业分工网络是经济全球化不断深化的结果，也是推动全球化不断深化的动力。发展中经济体参与到全球分工网络，发挥了自身比较优势。但是，发展中经济体总体上处于全球价值链的低端，都在力图提升国际分工地位。与此同时，美国单边发起大规模贸易战、新冠肺炎疫情肆虐，严重冲击国际分工网络的安全高效运行。深化"一带一路”产能合作，各方基于发展需要和互补优势开展分工合作，将推动重构全球分工网络，助力沿线国家和地区形成新的互利合作关系，推动提升相关国家和地区的国际分工地位。

深化“一带一路”产能合作是推动构建新发展格局的重要途径。深化“一带一路”产能合作，助力沿线国家和地区加速推进工业化，也有利于我国企业充分利用不同国家和地区的优势，整合国际资源与市场，促进我国产业结构优化升级，这不仅有利于拓展我国发展新空间，也有利于加速形成以国内大循环为主体、国内国际双循环相互促进的新发展格局。

深化“一带一路”产能合作，必须践行丝路精神。“一带一路”产能合作超越传统投资、贸易或产业转移的某个单一方面，深入产业体系和生产能力对接融合发展，参与各方利益深度融合。这就要求参与各方始终坚持开放包容，时时践行共商共建共享，才能真正实现相互信任、平等合作、互利共赢，推动“一带一路”合作进入新境界，开创新局面。

正是充分认识到深化“一带一路”产能合作的重要性，国务院发展研究中心将之作为2019－2020年度中心重大课题，开展系统研究。课题组从制造业、物流体系、境外经贸合作区、龙头企业、金融政策、合作机制、国际经验等方面进行了专题研究，就建设安全稳定、互利共赢的“一带一路”国际产能合作网络提出了思路和建议。

我们将课题成果编撰出版，供感兴趣的同仁参阅，诚挚欢迎读者朋友提出宝贵意见和建议，同时也期待更多同仁对这一重要问题开展更加深入的研究。

2020年11月7日

（作者为国务院发展研究中心党组成员、副主任）

目 录

总报告

专题报告一

专题报告二

专题报告三

专题报告四

专题报告五

专题报告六

专题报告七

专题报告八

总报告

建设“一带一路”产能合作网络，促进互利共赢发展

百年未有大变局之下，国际政治经济格局深刻调整，大国博弈与地缘冲突加剧，贸易投资保护主义愈演愈烈，新一轮技术革命和产业变革步伐加快，全球化和国际分工面临再定位。新冠肺炎疫情发生后，国际生产、贸易体系受到较大冲击，世界经济可能发生“二战”后最大的经济衰退，国际产业链、供应链出现了“本地化”“短链化”迹象，全球化和多边经贸合作机制正面临前所未有的挑战。面对新形势新挑战新需求，我国应依托“一带一路”倡议，推进安全稳定、互利共赢的国际产能合作网络的形成，致力实现共赢发展，促进人类命运共同体构建。

一、建设国际产能合作网络的重要性

国际产能合作网络是相关国家按照比较优势通过投资、贸易、物流运输等方式形成的国际生产分工体系，各国各区域产业链相互嵌套，供应链相互连接，创新链相互支撑，价值链相互依赖。国际

产能合作网络的范围、规模和深度决定着国际生产贸易体系的效率、效益。依托"一带一路"倡议，推动国际产能合作网络建设具有重要意义。

第一，有利于提升国际分工效率。随着各国比较优势发生变化，全球范围内正在进行新一轮国际分工大规模调整。与此同时，区域经济一体化加速，自由贸易区数量不断增多、规模扩大，在贸易创造效应和转移效应作用下，一些跨国公司正推进新的战略布局。我国劳动低成本优势弱化，人力资源的质量优势凸显，国内产业结构进行匹配性调整，一些劳动密集型产业也需要重新布局。顺势而为，推进设施联通、资金融通、贸易畅通，改善国际产能合作条件与环境，支持国际分工布局的优化，既有利于我国产业结构调整，也有利于各国发挥新互补优势，共同促进经济效率的提升。

第二，有利于增强全球产业链、供应链韧性。"一带一路"秉持开放的区域主义，沿线国家通过加强合作、增进互信，促进发展战略对接和政策协调，营造良好的基础设施条件和投资运营政策环境，完善风险联合防控和相互救助机制，形成连接融合广大发达经济体和新兴经济体的国际大市场，吸引世界各国跨国公司进入，可以丰富产业链上下游参与主体，织密供应链网络，提升数字化、智能化水平，使生产方式、物流运输、市场销售更加多元化，增进共同安全，从而提升抗风险、抗冲击能力。

第三，有利于促进全球平衡可持续发展。传统的全球化比较重视效率与效益，在促进经济发展和商业繁荣方面发挥了重要作用，但对发展的平衡性和持续性考虑不足。一些国家因区位、产业能力等原因，或长期游离于全球分工体系之外，或被长期锁定在价值链低端，不利于这些国家摆脱贫困，也不利于区域可持续发展。"一带一路"提供的公共产品、着力推进的大通道和经济走廊建设以及倡导的国际产能合作，有利于这些国家摆脱“内陆锁定”，补上能力短板，加快工业化发展，实现经济结构的多元化，提升经济发展的速度与质量，尽早摆脱贫困陷阱，有力促进联合国可持续发展目标的实现，增强全球发展的协调性、平衡性及可持续性。

第四，有利于推动人类命运共同体构建。国际经济格局深刻变化后，大国博弈与地缘经济政治冲突表现出加剧态势，全球秩序面临冲击，单边主义、民族主义、贸易投资保护主义有同步抬头的趋势。新冠肺炎疫情进一步加剧世界经济衰退，矛盾积累进一步增多，风险集中爆发的可能性上升，威胁着多边经贸体系和全球开放合作发展，进而威胁着世界安全与稳定。依托“一带一路”倡议，机动灵活推进产能国际合作网络化，扩大规模与容量，做强规模经济与范围经济，提升沿线国家和地区承载的产业链、供应链吸引力，吸引域内外国家参与产业合作，扩大不同区域、不同文明、不同制度、不同发展水平国家之间的利益交集，打造更加广泛紧密的发展共同体，可有效约束“逆全球化”行为，缓解地缘政治冲突，促进人类命运共同体构建。

二、我国引领国际产能合作网络建设具有可行性

一是我国具有引领国际产能合作的诸多优势。供给端，我国拥有门类最为齐全的工业体系，2019 年工业增加值世界领先；数字经济发展早、规模大、应用广、创新活跃，占 GDP 的比重稳步上升，根据中国信息通信研究院发布的《中国数字经济发展白皮书（2020）》，2019 年我国数字经济占 GDP 比重已达 36.2%，数据价值化、数字产业化、产业数字化和治理数字化势头迅猛，技术和应用模式对广大发展中国

家而言可适用、可推广性较强，而且资金充裕，对外投资活跃，是对外投资大国，有能力满足相关国家与我国合作加快工业化和新经济发展的多层次需要。需求端，我国市场规模超大且增速较快。国内消费升级带动进口增长，基于海关数据换算，2019 年我国进口总额为 2.1 万亿美元，是仅次于美国的世界第二大进口国。随着进一步降低关税及交易成本，我国市场对外的吸引力还在不断增强。

二是相关国家与我国深化国际产能合作的态度积极。2008 年国际金融危机后，尤其是近几年石油、矿产等大宗商品价格剧烈波动，越来越多的国家认识到产业结构多元化、发展实体经济的重要性，存在与我国合作加快工业发展的内在动机。近年来，东南亚、南亚、非洲等地区经济体均制定经济发展规划，着力推进经济结构多元化，加大对制造业、数字产业等领域的重视。国家发展改革委资料显示，截至 2019 年 4 月，已有 40 多个国家同我国签署了产能合作文件。

三是“一带一路”提供了很好的依托。“一带一路”沿线有 44 个国家和地区的工业化水平低于我国，与我国合作的意愿更为强烈，其中包括越南、印度尼西亚、哈萨克斯坦等劳动力或矿产资源丰富的周边国家，具有相互开展产能合作的天然优势，并且在我国大力推动下，“一带一路”建设取得超预期进展，互利共赢、开放包容的合作理念已深入人心，形成了“一带一路”国际合作高峰论坛等常态化机制。据商务部发布的资料显示，截至 2019 年 12 月，我国已与 167 个国家和国际组织签署 199 份共建“一带一路”合作文件，还与 44 个国家建立了双边投资合作工作组。一些重大项目已竣工投入运营，基础设施得到明显改善，为沿线国家和地区创造了大量的就业和税收，增强了企业对“一带一路”进行投资的信心。基于联合国贸发会议最新数据计算，2018 年“一带一路”沿线国家和地区吸引外资总额为 4800 亿美元，吸引了全球37.0%的外资流入，大幅超过北美与欧盟地区，成为全球最重要的外资流入区域。

三、面临的困难和挑战

一是“一带一路”沿线国家和地区基础设施、产业发展总体比较滞后。“一带一路”沿线国家和地区基础设施总体落后，成为产能合作的最大制约。此外，还缺乏必要的产业配套，据我国一些“走出去”的企业反映，在沿线地区设厂对零部件进口依赖严重，一定程度上增加了企业成本、限制了产能合作深度。

二是“一带一路”沿线国家和地区投资风险较高。中国出口信用保险公司评级显示，“一带一路”沿线国家和地区评级为5～9级的占84%，属高风险区域。一些沿线国家自身政治、宗教、民族关系就比较复杂，又受域外势力影响干预，长期处于动荡状态，政治政策环境极不稳定，再加上法制程度较低，违约行为时有发生。中国与全球化智库关于中国企业海外失败案例的统计分析显示，25%是由于政治风险导致的。社会安全风险也比较高，澳大利亚智库经济与和平研究所（Institute for Economics and Peace，IEP）发布的2019年全球恐怖主义指数显示，全球最不安全的10个国家，其中有7个在“一带一路”沿线地区。

三是“一带一路”沿线国家和地区总体经济状况脆弱。不少沿线国家和地区经济结构单一、产业配套性差、国内资本积累不足、债务压力较大。目前又正经受较大冲击，由于大宗商品价格下跌及全球资本跨境流动放缓，“一带一路”沿线经济体经济增速出现显著下降，基于国际货币基金组织数据计算，2019年GDP加权增长率为4.39%，较2018年下降了0.8个百分点，创2010年以来新低。2020年又叠加新冠肺炎疫情影响，预计经济增速或出现较大幅度的负增长。2019年“一带一路”沿线国家和地区政府加权财政赤字率已达4.7%，较2018年增加了1.3个百分点，2020年考虑抗疫和刺激经济的刚性需要，预计政府赤字率还将大幅上升。

四是外部舆论和投资运营环境趋于恶化。新冠肺炎疫情发生后，部分国家和地区一些媒体宣扬“地缘扩张论”“国家资本主义论”“新殖民主义论”等负面抹黑言论。受个别国家更大范围内施策干扰和舆论宣传丑化影响，以及出于转移失业压力和社会矛盾的需要，少数东道国政府对中国企业在环保、劳工、技术质量、社会责任和反腐败等方面进行攻击指责并提出苛刻要求。国际舆论环境恶化，不断增强的负面声音成为“一带一路”推进产能合作的政治和社会阻力。

四、积极推进国际产能合作网络建设的思路与政策建议

面对“逆全球化”愈演愈烈和不确定性日益增强的国际环境，我国作为世界上最大的发展中国家，在维护国际经济合作秩序、推进全球化前行方面担负着重任。我国应以“一带一路”倡议为依托，全面规划，突出重点，政企协同，软硬搭配，趋利避害，主动构建安全可控、互利共赢的国际产能合作新格局。

第一，明确建设产能合作网络的目标，确立方向。我国塑造的产能合作应具有安全可控、广泛覆盖、开放包容、优势互补、互利共赢、运行稳定等特点，发挥以下作用：延长完善“一带一路”产业链、供应链、物流链和价值链，深化沿线国家的经贸合作，构建广泛坚实的利益共同体，对内服务我国高质量发展，对外支撑新一轮国际产业合

作网络形成。

第二，做好整体谋划，及时引导和布局。围绕增强我国产业链、供应链地位，对内加快补短板、强优势，着力提升国内技术创新发展引领能力；通过扩大开放和构建高水平自由贸易区网络增强产业链聚合能力；打造国际产能合作信息中心、服务中心、商务中心、创新中心，促进内外循环良性互动，提升我国引领国际互利共赢合作的能力。对外分类施策、抓住重点，拓展合作网络的广度和深度。分阶段、分步骤实施，首先抓好重大项目，汇聚资源，重点突破，早见成效。在推动过程中，处理好独资控股与互利共赢的关系、提供国际公共产品与商业可持续的关系、整体布局与重点突破的关系；统筹产业区域布局和产业合作园区建设，使两者相互支撑；将制造业国际布局与金融专业服务“走出去”结合起来，系统提升国际化运营能力。

第三，提升设施联通针对性，强化对产能合作的协同支撑。围绕塑造安全可控、互利共赢产能合作网络需要，有选择地推进相关铁路、港口、航空、公路、管道、电信等设施建设，以周边为重点，海上串接国内外重要港口，建立常态化的港口合作机制，畅通海上货物贸易通道，支持航空公司和快递企业加快境外重点基地建设。国内着力打造横贯东中西、畅通南北的物流大通道，进一步加强与沿海重要港口的陆海联运。尤其要重视软联通，通过海关协作、标准互认、规则对接、系统兼容、信息共享等降低制度性交易成本。

第四，着力打造一批引领产业发展合作的高地，发挥以点带面作用。以境外工业园区为载体，综合考虑地缘区位、禀赋条件、产业基础、开放水平等因素，重点选择建立一批“一带一路”产能合作引领基地和高地。鼓励各领域龙头企业强强联合、共同带动，形成多业态协同。重点加大园区政策支持力度，完善金融服务支撑体系，强化公共服务平台，鼓励专业服务机构发展，营造一流的产能合作、知识共享、创新互助发展环境，汇聚人才和资源，完成先导布局。

第五，筹建国际产能合作组织，完善合作机制。目前我国产能合作协议多以双边形式签署，内部缺乏统筹协调，外部不利于建立统一合作框架。可依托“一带一路”倡议会同相关国家联合筹建国际产能合作组织，与亚洲基础设施投资银行、各国开发性金融机构、大型跨国公司建立密切联系，为区域产能合作提供公共服务，统筹各方力量推动产能合作取得实效。该组织采取开放架构，逐渐扩大“朋友圈”，吸引更多的国家参与。

第六，改善对外宣传，增进认同与互信。强调促进经济共同发展、提高人民生活水平、改善环境质量等共同理念。发挥民间“二轨外交”和政府智库“一轨半外交”优势，加强情感交流和专业沟通，减少误解，拉近心理距离。提升企业层面合规意识、社会责任意识和公关能力，塑造良好形象，多方位筑牢产能合作的民意基础。

执笔人：隆国强　罗雨泽

专题报告一

国际产能合作的理论基础、国际经验及对我国的启示

国际产业合作是各国加强经济联系、深度融入全球化的重要方式。“一带一路”倡议提出以来，“国际产能合作”作为中国倡导推动的国际产业合作，以开放包容的创新内涵与发展模式，赋予国际产业合作以新的理论和实践活力。我们尝试在已有理论基础上建立多层次、多维度的理论框架，为高质量地推进“一带一路”国际产能合作提供理论支撑与启示。

一、国际产能合作的内涵与文献综述

（一）概念的提出

国际产能合作的概念最早由我国提出。李克强总理 2014 年 12 月出访哈萨克斯坦时，将中国优势产能与哈萨克斯坦基础设施需求对接，签订了“中哈产能合作”框架协议。

2015 年 5 月，国务院《关于推进国际产能和装备制造合作的指导意见》首次明确我国开展国际产能合作的指导思想、原则和任务。文件认为，国际产能合作是“开展互利合作的重要抓手”，我国开展国际产能合作的总体思路为“适应经济全球化新形势，着眼全球经济发

展新格局，把握国际经济合作新方向，将我国产业优势和资金优势与国外需求相结合，以企业为主体，以市场为导向，加强政府统筹协调，创新对外合作机制，加大政策支持力度，健全服务保障体系，大力推进国际产能和装备制造合作，有力促进国内经济发展、产业转型升级，拓展产业发展新空间，打造经济增长新动力，开创对外开放新局面”。自此，“国际产能合作”成为近年来新兴的研究问题。

（二）文献综述

从国外文献来看，直接研究探讨“国际产能合作”的文献还不多。Ross（2016）将国际产能合作解读为中国全球化的一种新阶段，不仅意味着成品的出口，还意味着整个产业链的转移，从而帮助其他国家增强制造能力。Kenderdine 与 Ling（2017）认为国际产能合作是中国将其过剩的工业产能作为固定资本投资进行离岸外包。这表明，当前国外学术界对国际产能合作理解仍不够全面，甚至可能存在一定的误读。

从国内来看，“国际产能合作”受到较多关注。

截至 2019 年，知网以“国际产能合作”为主题（含与之概念接近的“国际产业合作”）的文献达 1740 篇（见图 1）。最近几年研究中国国际产能合作的文献迅速增多，近 4 年的文献总数超过“十二五”期间的总和。

不少学者都给出关于“国际产能合作”的定义，详见表 1。经梳理发现，大部分文献是从国际产能合作的目的、方式、发生条件三个方面说明“国际产能合作”的定义的。

从国际产能合作的目的来看，一方面是源于中国转变经济发展方式、调整产业结构的内在需求。如转移或输出优势产能、加快产业转

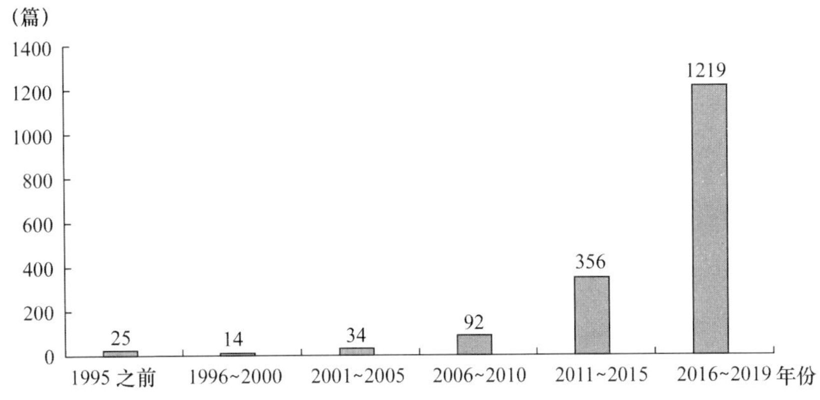

图1　知网关于“国际产能合作”主题的文献数量

表1　国内已有文献对于“国际产能合作”的定义

文献作者及年份	定　义
张洪，梁松，2015	国际产能合作是我国“走出去”战略的升级版，主要通过对外直接投资等方式将富余的优质产能向国外转移，既有利于我国产业结构的深度调整和优化升级，又能满足发展中国家基础设施建设的需要和对先进装备与工业生产线的需求，还可以为实施“再工业化”的发达国家提供经济增长动力
夏先良，2015	国际产能合作是一种国家间产业互通有无、调剂余缺、优势互补的合作方式，是一种国际产业转移与对外直接投资相结合的新模式
黄健柏，刘京星，2017	国际产能合作是一种国际产业转移与对外直接投资相结合的新模式，它强调合作国产业间的互通有无、调剂余缺和优势互补。狭义的产能合作就是指产能转移，推动国际产能合作就是要利用经济规模和巨大的潜在需求，通过对外投资及经济技术合作实现国家间的产能转移和产业梯次升级，主要强调过剩产能输出。广义的国际产能合作是指不同国家利用各自在技术、资本、资源等方面的优势开展合作，是一种典型的共生关系，前提是产业链上的互补和耦合，更强调互利共赢
刘敏 等，2018	国际产能合作是合作国之间凭借比较优势对生产安排进行重新调整的过程。国际产能合作经常伴随着中间品贸易，若发展中国家出口企业处于生产下游，则其从发达国家进口的中间投入中可能包含了专业技术知识和高科技研发成果。国际产能合作拓展了比较优势的范围，推动了生产要素在全球范围内跨越国界自由流动。国际产能合作将推动劳动力、资本、技术等生产要素以贸易转移和投资转移等多种方式实现产业的跨国转移

续表

文献作者及年份	定　义
刘勇 等，2018	国际产能合作是基于国际产业分工与产业发展的全球化内在需求，通过国际贸易、国际投资、国际开发合作等方式，将产业发展布局从一个国家或地区转移扩展至另一个国家或地区，重构全球产业链、价值链与资本链，实现生产要素在全球范围内的重新配置组合
郭显龙，陈慧，2019	国际产能合作是有意愿和需要的两个国家或地区，将产能进行跨国或跨地区配置的行动
郭建民，郑憩，2019	国际产能合作是国与国之间围绕生产能力建设、转移和提升开展的互利共赢的国际产业投资合作
陶睿，张旭辉，2019	国际产能合作是指两个存在意愿和需要的国家或地区之间进行产能供求跨国或者跨地区配置的联合行动，实质上是全球范围内的资源优化配置行为

型升级等。另一方面是源于其他国家参与合作的意愿，强调产能合作的需求对接。

从国际产能合作的方式来看，大多文献侧重于对外直接投资和经济合作，也有文献讨论了贸易等其他方式。从国务院的指导意见来看，合作方式具有多元化特征。文件强调通过国际产能“从产品输出向产业输出的提升”，超越了传统意义上的国际贸易与对外直接投资等单一国际化方式。

从国际产能合作的发生条件来看，一些学者认为产业比较优势是形成产能合作的重要条件；也有学者认为发生条件在于产业优势是否互补，能否形成共生共赢关系。

（三）对国际产能合作的定义

结合政策文件和现有研究，我们认为，“一带一路”国际产能合作是由中国倡议、以“一带一路”沿线国家和地区为主要范围，将中国产业和资金优势与东道国需求相结合，以企业为主体，以市场为导向，强调国际产能和装备制造合作，以产业能力跨境优化配置和实现产业链与价值链的共赢为目标的国际产业合作。

二、国际产能合作的理论基础

“国际产能合作”的理论基础涵盖对外直接投资、国际贸易、国际合作、产业集聚与转移等领域的理论，具有丰富的理论来源。

（一）支撑国际产能合作的现有理论

国际产能合作的理论基础来源可以从以下三个方面追溯。一是基于“国际化经营”视角，根据国际产能合作中合作方式的不同——对外直接投资、贸易、技术合作，探讨基于某类特定合作方式，为什么发生这类特定的合作方式，以及如何进行国别和区位选择。二是基于“产业研究”视角，探讨的核心问题是选择哪些产业进行国际合作，以及如何提高产业合作效率。三是基于“合作策略”视角，重点探讨如何通过优化合作策略提高国际产业合作的效率。经过梳理，我们将20多种对于中国国际产能合作具有解释力的经典理论分为五个方面。

第一，解释国际分工和贸易的合理性。从绝对优势理论、比较优势理论、要素禀赋理论，再到新贸易理论、新新贸易理论，从行业间到行业内，从宏观产业到微观企业，不同年代的学者对贸易产生的原因及由此导致贸易模式所呈现的特征进行深入剖析（见表2）。

第二，解释产业转移现象的发生。探讨产业转移的主要原因及如何转移，例如，产品周期理论具有较广泛的普适性，雁行理论和边际产业转移理论则较好地解释了东亚地区产业转移现象（见表3）。

表 2　　解释国际分工、贸易合理性的理论梳理

理论	理论相关观点	理论提出者	提出时代
绝对优势理论	解释了贸易背景下，基于绝对比较优势的国际分工现象，认为一个国家应该专业化生产本国具有绝对优势的商品，进口其他国家具有绝对优势的商品	亚当·斯密	1776 年
相对优势理论	解释了贸易背景下，基于比较优势的国际分工，可部分解释发达国家与发展中国家的产业合作现象，认为一个国家应该专业化生产相对优势较大的商品，而从别国购买相对优势较小的商品	李嘉图	19 世纪
赫克歇尔－俄林理论	从要素禀赋的角度解释了国家间进行产业间分工的现象	赫克歇尔、俄林	20 世纪 30 年代
新贸易理论	认为规模经济是导致贸易产生的重要原因，主要解释要素禀赋和技术相似国家间行业内贸易的现象	克鲁格曼	20 世纪 80 年代
国家竞争优势理论	从需求、生产要素、相关产业以及国内企业战略、结构与竞争四个因素，解释了在国际贸易中不同国家特定产业具有竞争力的原因	波特	20 世纪 90 年代
新新贸易理论	从企业异质性的角度解释一国相同行业有的企业出口、有的企业不出口的现象	Melitz、Eaton、Korum	21 世纪

表 3　　解释产业转移的理论梳理

理论	理论相关观点	理论提出者	提出时代
产品周期理论	将产品生命周期划分为新产品期、成熟期、标准化期三个不同阶段。随着商品标准化的生产，发达国家这一产业将会转移到后发国家，待产业完全转移之后，发达国家将进行新一轮的产业和产品创新	弗农	20 世纪 60 年代
雁行理论	产业发展要按照国际经济环境，结合国内资源禀赋。总结出产业发展遵循的两种模式：一是进口国外商品、承接产业转移实现国内生产、进而出口的模式；二是低附加值向高附加值产业演进的模式	赤松要	1932 年

续表

理论	理论相关观点	理论提出者	提出时代
边际产业转移理论	对外产业投资应该优先考虑本国发展中处于劣势的产业，即边际产业。按照国家竞争优势的动态演变，不断转移边际产业，保持本国在国际竞争中的产业竞争力	小岛清	20 世纪 70 年代末
比较优势变化产业转移理论	将产业转移与比较优势的变化紧密联系在一起，解释了随着发达国家劳动力优势的逐渐退却，发展中国家发挥劳动力资源的比较优势，开始承接发达国家的劳动密集型产业转移	刘易斯	20 世纪 50 年代

第三，解释后发国家如何通过参与国际分工实现产业升级。例如，产业与升级路径的选择、产业转移过程中的吸收能力与创新质量等（见表4）。

表4　　解释后发国家通过参与国际分工实现产业升级的理论梳理

理论	理论相关观点	理论提出者	提出时代
小规模技术理论	认为发展中国家利用经济规模小的灵活性，可以充分发展市场小、规模小、需求多样化的产业，以此弥补发达国家在这类产业中的不足，并逐步实现小规模技术产业的对外转移。该理论可指导在全球化背景下，发展中国家如何发展优势产业	威尔斯	20 世纪 70 年代
技术地方化理论	指出后发国家在接受产业转移的同时，对产业技术进行吸收、融合、改进、再创新，形成新的产业竞争优势，进而对外实现产业再次转移	拉奥	20 世纪 80 年代
产业链升级理论	指出新兴工业化国家产业链升级的路径，是委托加工（OEM）→自主设计加工（ODM）→自主品牌生产（OBM）的一个逐渐发展过程	Amsden	1989 年

续表

理论	理论相关观点	理论提出者	提出时代
技术创新产业升级理论	强调了发展中国家产业技术能力的积累与提升的重要性，较好地解释了20世纪80年代以来部分发展中国家对外投资目标国转向发达国家、投资产业转向高技术产业的现象	坎特威尔、托伦惕诺	20世纪90年代初期

第四，解释在国际产业分工中进行适度产业保护的必要性。虽然所基于的内在逻辑不同，但不少理论都阐述了一国在参与国际分工的过程中，需要在适当情况下进行适度的产业保护（见表5）。

表5　解释在国际产业分工中进行产业保护的理论梳理

理论	理论相关观点	理论提出者	提出时代
幼稚产业保护理论	政府应该暂时支持新型产业，直至它们发展壮大到足以参与国际竞争。为支撑发展中国家提出自主发展产业提供了理论依据	亚历山大·汉密尔顿	1792年
超保护贸易理论	该理论认为，贸易顺差能增加国民收入、扩大就业，贸易逆差则会减少国民收入、增加失业，因此，应该实行贸易保护	凯恩斯	20世纪30年代
战略性贸易保护理论	依据该理论，在寡头垄断的国际市场上，政府贸易政策可以导致各国企业在博弈优势和劣势之间的转换，因而有助于提高国民福利	布兰德、斯潘塞、克鲁格曼、格罗斯曼	20世纪80年代

第五，解释国际合作的价值观。根据国际政治经济学的相关观点，国际经济活动受到国际关系的影响，但不同理论对于这一问题存在较大分歧，有的认为国际合作主要依靠超强实力国家的主导，也有学者认为国际关系的本质仍在于合作或者共同的价值观（见表6）。

表 6　　关于国际合作价值观的理论梳理

理论	理论相关观点	理论提出者	提出时代
霸权合作论	认为合作的关键是霸权国家能否将超强的实力转化为主导国际合作机制形成与维持的权力	查尔斯·金德尔伯格、克拉斯纳与吉尔平	20 世纪 70 年代
国际机制合作论	认为国际关系的实质是合作而不是冲突，全面论证了相互依赖可以降低国际无序状态、国际机制能够促进国家走向合作，比较好地解释了“冷战”之后国际组织合作活跃现象	罗伯特·基欧汉、约瑟夫·奈、罗伯特·艾克斯罗德	20 世纪 80 年代
共有观念合作论	以国家合作的观念建构为出发点，论证了观念对形成国际合作的关键作用	亚历山大·温特	20 世纪 90 年代

（二）“一带一路”国际产能合作的主要特征

现有理论大多基于发达国家主导的国际产业合作实践，影响因素主要包括科技、政治和经济等，影响合作的因素包括政府、产业和企业三个层面，如图 2 所示。

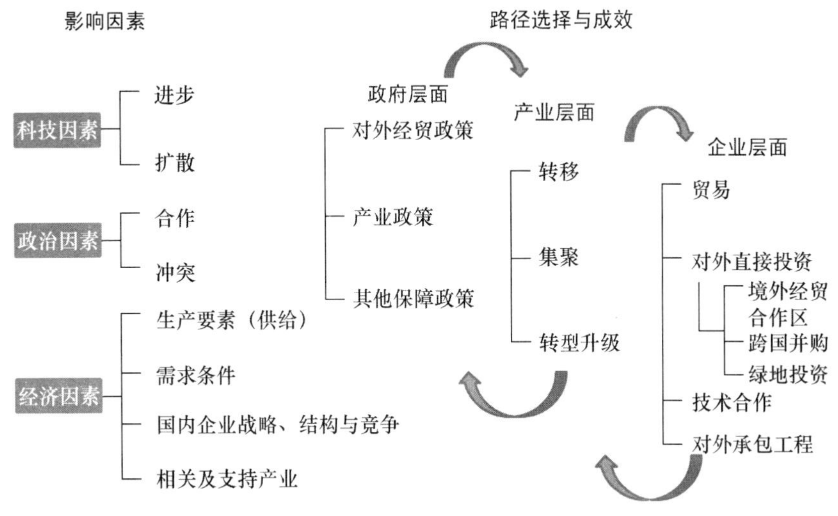

图 2　国际产能合作相关已有理论的整合框架

然而，正如不少学者指出的，中国倡导的国际产能合作不是其他国家经验的简单移植，而是基于对自身理论的探索与创新。因此，有必要结合我国“一带一路”国际产能合作的特点，完善国际产能合作的理论。

我国倡导的“一带一路”国际产能合作有以下情境特征。

第一，共赢性。我国提出国际产能合作，是在发展中国家的国际产业转移中形成一种新型、平等、共赢的发展合作机制。当前全球经济正处于深度调整和转型中，中国国际产能合作正好能适应发达国家再工业化和基础设施更新升级的需求，以及发展中国家加快推进工业化的需求，最终期望实现优势互补和合作共赢，构建人类命运共同体。

第二，全局性。强调从产品输出向产业输出的提升，强调“产品+服务+资本”等综合性输出。不再局限于由价值链单个环节的产品供应，而是面向构建区域和全球产业链价值链。通过吸纳发达国家、发展中国家、周边国家参与上下游产业链，构建互利共赢的区域生产网络。

第三，协同性。强调由企业主导、政府引导推动、项目化管理、市场化运作，鼓励各主体各司其职、协同发挥作用。政府部门促进对接需求，发布合作指引，建立基金和投融资平台，支持企业参与国际产能合作，为专业化服务企业提供支撑。

我国所提出的“国际产能合作”之所以与传统的国际产业合作有所不同，恰恰是基于我国产业基础条件与沿线国家和地区发展需要的对接。

首先，中国经过数十年的发展已经建立起全球最完备的工业体系，成为对外投资大国，制造业对外投资能力大幅提升。高铁等产业已达到世界领先水平，具备了以点带面、带动产业链走出去的能力。这是我国在参与国际竞争与国际分工中的重要优势，也是从产品输出向产业输出的重要支撑。

其次，我国处于工业化中后期，在全球价值链地位快速提升，在区域网络中成为重要枢纽及亚洲生产网络中心。中国的制造业既能与高端技术和资本要素对接，又能与广大新兴市场合作，可以在区域价值链协同升级中发挥更大枢纽作用。

最后，我国作为国际市场上的后发者，亟待积极学习先行者的经验，加强与各方的优势互补；积极顺应制造业服务化新趋势，加快促进“制造＋服务”的配套“走出去”，构建新型产能合作路径。

综上所述，现有单一理论无法对我国“一带一路”国际产能合作予以充分解释，也难以完整反映其独特特征与丰富内涵。

（三）“一带一路”国际产能合作理论框架的初步构建

基于百年未有之大变局下的国际形势变化与中国经济发展特征，我们初步构建了“一带一路”国际产能合作的理论框架。整体理论框架可分为三个层次，如图 3 所示。

首先，从国家层面，侧重于信念构建、目标构建与规则构建的统一性，跳出了原有文化、地缘区位与制度构建的合作视角。强调在宏观层面符合一致的信念，即秉持人类命运共同体的理想信念，在中观层面具有互利共赢的共同目标，在微观层面具有共同协商的规则机制，即具备合作基础。

其次，从产业层面，鼓励具有互补优势的产业（链）开展国际产能合作；同时强调不同产业在境外的联动发展，通过地理集聚、供应链、品牌效应等形成良好的协同效应。通过国际化分工，形成跨国跨产业、全球资源配置优化的区域和国际生产网络。

再次，从企业层面，强调以市场为机制、以合规为基础、以提高

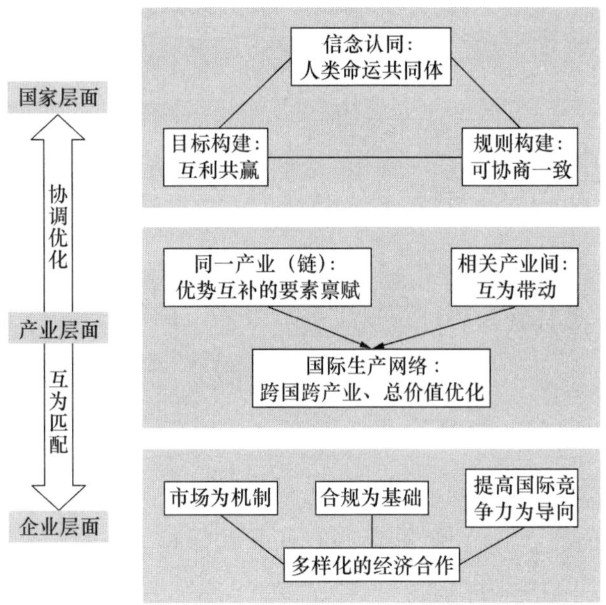

图3　我国“一带一路”国际产能合作综合理论框架

国际竞争力为导向，进行贸易、对外直接投资、对外承包工程、技术合作等形式多样的跨国经济合作行为。

最后，国际产能合作强调跨国别、产业与企业三个层面实现良好的协调与协同，实现互利共赢的目标。

三、美欧日韩推进国际产业合作的经验借鉴

美国、欧盟和日韩等经济体在对外直接投资、国际贸易以及其他国际产业合作形式上积累了丰富经验，为我国推进国际产能合作提供经验借鉴。

（一）美国

第一，以跨国公司为主导，政府发挥引导作用。美国国际产业合

作主要基于跨国企业在全球的投资和生产网络。美国政府发挥重要的战略指引作用，如签订多双边投资协定和自贸协定，促进对亚太、拉美等的发展中国家的投资；1993 年美国出台“国家出口战略”的贸易综合改革方案，进一步提升了国内企业跨国投资的意愿，促成了 20 世纪 90 年代美国对外直接投资的高潮。

第二，占据全球价值链的制高点，构建开放式生产网络。20 世纪 80 年代起，美国集中主要精力发展高技术产业，将核心的技术研发环节留在国内，将大量劳动密集型产业以及部分制造业转移至海外。通过在当地或全球范围内寻找合适的供应商合作伙伴，形成了开放式的生产网络（刘德伟、李连芬，2015）。美国公司凭借先进技术、市场主动权等突出优势，在全球价值链中牢牢占据最为核心和高附加值环节。

第三，构建双向合作的良性循环。在历次的产业转移中，美国并不是单向地进行援助或产业转移，而是形成与合作伙伴的双向贸易、双向投资，最终构建双向合作的良性循环。从 20 世纪四五十年代的马歇尔计划，到六七十年代对日德的援助与产业转移，在给美国带来巨大的经济利益和政治意义的同时，也促进这些国家对美国的逆向投资。

第四，引领全球经贸规则的构建。国际产业合作的快速发展伴随着对国际经贸规则的需要的急剧上升。美国是“二战”后国际经贸规则体系的主要构建者与规则制定者，通过不断构建和完善全球性、多双边的贸易投资规则体系，促进了全球贸易投资自由化以及合作方的权利、义务、规范等方面的完善，为其跨国公司的国际产业合作发挥了引导、促进、规范和保护等重要作用。

（二）欧洲

第一，坚定支持全球化理念。欧洲是全球化理念的提出者和维护者，这是因为欧洲单一国家的市场和人口规模以及国土面积较为有限，拓展国际市场是其提升国际竞争力的重要路径。全球化的繁荣为欧洲企业加强国际产业合作和提升国际竞争力发挥了至关重要的作用。

第二，重视欧盟区域一体化合作。由 27 个欧洲国家组成的欧盟，善于利用制度法规促进各个成员国制造业的协调发展，促成欧洲内部的大市场（孙彦红，2018）。在这一背景下，加之地缘与历史联系，欧洲区域内各国经济合作频繁。例如，德国就向中东欧转移了自己的中低端产业，逐渐形成了以自身为核心节点、以中东欧为生产基地、面向全球市场的生产网络（张哲人等，2017）。

第三，充分发挥商协会优势。欧盟、德国和法国等商协会承担了产业协调的重要职责，在整体产业的国际化中发挥了重要作用。例如，法国行业协会不仅对本国本行业企业间的产能进行协调，还对欧洲范围内各国家间相关行业的产能矛盾进行疏通和调解，牵线国际同行进行战略合作，促进本国产业形象的国际推广（赵永升，2013）。

第四，出台针对性海外投资促进措施。如针对中小企业普遍存在的国际化经验不足的问题，采取了举办培训学校、组织专家提供咨询服务、承担投资可行性研究的部分费用、资助企业参加洽谈会等多种措施，帮助中小企业走出国门。

（三）日本

第一，借助对外投资，促进本国产业转型升级与规避贸易摩擦。针对不同产业领域，日本通过引导合理的合作国别与合作方式，达到提升产业国际竞争力的目的。当产业不具备竞争优势时，从国外处于领先地位的产业部门引进技术和吸收外资。在拥有国际先进的自主技术时，注重加强国内产业的发展基础，推动对外投资和技术出口。当落后产业要淘汰时，将生产基地转移到其他国家，为国内重点发展的产业腾挪空间。同时，日本的海外投资也是在贸易摩擦不断的背景下规避贸易壁垒的一种防御性策略（马文秀、杨茜，2008）。

第二，引导企业将研发等核心环节留在国内。针对要大力发展的高科技尖端技术，日本政府会制定一揽子政策措施（张习宁，2011），包括提供税收和金融优惠政策、制定产业规划、引导企业加大研发投入以及成立支持高科技产业的专项基金。以上措施形成了鼓励企业创新与技术研发的大环境，确保在国际产业转移中制造业企业总部和研发设计等核心环节仍大多留在国内。

第三，注重对企业微观层面的保障支持。在资金方面，以国家财政作为理赔后盾，建立了海外投资保险体系；在人才方面，通过设立海外技术人员进修协会，为民间技术人员到海外进修和调研提供经费支持（兰健、周禄松，2019）；在信息方面，通过加强与合作方政府层面的政策和信息沟通，向产业界及时传递信息（张伟昌，1984）；出资建立一批中介咨询服务机构，为中小企业提供国际化过程中所需的信息服务（施锦芳等，2016）。

第四，构建以日本企业为主导、群体协作型的全球生产网络。日本企业在对外投资时重视企业间的群体协作。主导企业一般由日方独资或控股，外围是中小承包企业，基本实现了产、供、销职能的封闭体系（刘德伟、李连芬，2015）。并且，企业间注重横向联系，会相互提供财务、金融等服务支撑，以及生产过程的整合对接等，促进日本企业“抱团出海”。

然而，20 世纪 80 年代中后期，日本在制造业向海外转移、国内产业萎缩的情况下，国内新兴产业尚未完全培育成功，再叠加其他因素，最终引发 90 年代初的经济泡沫破灭。

（四）韩国

第一，善用产业政策，以统一规划目标引导国际合作进程。韩国产业政策数量繁多、内容完善，包括针对基本经济关系及各类产业的基本法律，并且会根据一定的经济与市场外部环境的变化，不断修改或废止，以实现对国际合作的针对性推进（王立君，2011）。灵活又具有强劲推动力的产业政策，确保了韩国加快从产业承接国到产业输出国的转变，实现国家的跨越性赶超与发展。

第二，扶持企业集团的同时，创造环境培育中小企业。在微观上，政府积极扶持本国的企业集团作为对外直接投资的先锋与主力军。同一集团的内部关系企业，可以获得集团内部的海外投资经验，以克服海外投资中的外来者劣势；同时集团作为内部资本市场也为单个关系企业提供了海外投资所需的资金保障。与此同时，自 20 世纪 80 年代以来，韩国逐渐形成由政府机关、半政府性质的公共机构和民间组织构成的对中小企业对外投资的支持机构（杨华，2014），从金融、信息与咨询服务支持到人才培养，为中小企业的海外投资保驾护航（崔栢烈、郭化冰，2012）。

第三，以文化带动，塑造独特的海外价值观。20 世纪 90 年代末以来，在依靠制造业和商品出口拉动经济增长的模式遇到瓶颈后，韩国采取多项措施推动服务业发展。尤其是对文化行业的成功改革，使得“韩流”文化在世界多地范围传播，并以此带动旅游、家电、服装等产业，形成“韩流经济”（华广敏，2012）。

第四，以金融配套服务支持对外投资。韩国政府和相关金融机构有各种促进计划，鼓励和支持对外投资。如韩国进出口银行用贷款或参股的方式提供海外投资贷款。提供贷款的对象既包括国外经商的韩国企业，也可以扩展到开展海外项目的韩国公司的海外附属机构（陈道富，2009）。

韩国政府通过政策性手段大力支持大企业集团的发展，在短期内表面上提高了大企业集团在国际市场上的竞争力，但不利于改善企业集团内部的运营效率。近十多年来一些过往强势的韩国企业集团出现倒闭等问题，本质上都与政府过度支持的负面作用密切相关。这也表明，鼓励支持大型企业海外投资时，要更加注重其国际竞争力与内部效率的提升。

（五）国际经验的比较分析

总体来看，各国经验主要有以下共同点。

第一，政府推进国际经贸合作主要目的是通过全球布局，转移母国优势或过剩产能和促进母国产业转型升级。

第二，从主体来看，以企业为主体、政府为引导。政府主要承担与东道国经贸合作的顶层设计、国际合作的形象塑造、信息服务和立法等职责，鼓励、引导与保障企业更好地引领和参与国际产业合作。

第三，良好的产业基础是高水平开展国际产业合作的根基。德国在“马歇尔计划”后快速发展起来的一个重要原因就是“二战”前即具有较强的产业基础。日本在经历美日贸易战之后，其汽车产业能够加速国际布局的根本原因也是其具备核心竞争力。

第四，从效果上来看，国际产业合作是双赢的，总体上促进了母国部分产业的转型升级和新产业培育，从而提升了母国综合国力；同时，促进了东道国的技术水平提高、产业发展和经济腾飞。

第五，从各国出现的主要问题来看，国际产业转移也容易造成本国产业空心化等问题。对于资本输出国而言，更需加强顶层设计，为微观企业提供方向引导与制度保障。

各国经验的不同点主要在于以下几点。

第一，各国构建国际生产网络的方式有所不同。欧美企业更偏重于开放式，强调“单干”，有利于构建更高性价比的全球价值链。而日本企业更倾向于协作式，强调“抱团出海”（王静文、吕昕娱，2007），有利于在复制国内经验的过程中发挥协同作用。造成这些差别可能是由于国家文化与企业组织结构的不同，也可能是由于后发国家在缺乏国际化经验情况下的自然选择。

第二，各国实施国际经贸合作的企业主体在组织特征上有所差异。日本与韩国的大型企业集团和欧美的大型跨国企业有着明显的组织特征区别，日韩之间也有差异[①]。日韩等国的企业集团在某一特定时期内的快速发展与当时政府的支持态度有关（韩晓东，1995；曹秀莲，2004），但在其他时期也反过来引致了不少争议（张玉来，2015）。

各国国际经贸合作的主要情况如表7所示。

表7　各国国际经贸合作的主要情况

国家	发展阶段	策略与机制	效果
美国	发达国家	资本援助、物资援助、技术合作等	保持美国企业世界竞争力；确保美国国际地位
欧洲国家	发达国家	海外投资促进与保障体系建立；发挥行业协会作用	持续保持国际竞争力
日本	后发工业化国家	抓住国际产业转移机遇；重视自主研发；将非核心产业转移海外	已经失去比较优势的产业在海外重新获得竞争优势；本国新产业的发展
韩国	后发工业化国家	抓住国际产业转移机遇；善用产业政策；文化产业带动	从农业国赶超为新兴工业大国

① 其中，日本在国际经贸合作中具体承担的主体是集团内的综合商社。

四、对我国开展“一带一路”国际产能合作的启示

（一）以“人类命运共同体”理念引导构建互利共赢的区域生产和价值网络

“一带一路”框架下的国际产能合作，是以人类命运共同体的理念为引导，基于合作方的需求对接与协同努力，达到互利共赢的目标。作为“一带一路”框架下的国际产能合作的倡导方，我国要继续坚定维护全球化，立足区域产业链供应链枢纽的优势，引导和促进沿线区域国际产能合作，加强我国与东道国产能合作的良性互动，发挥良好的示范作用，与沿线国家共同构建互利共赢的区域生产和价值网络。

（二）以提升产业国际竞争力，夯实开展国际产能合作的根基

我国尽管是制造大国，但大而不强和产业链核心竞争力不足问题仍较为普遍。要在共建“一带一路”产能合作网络中发挥更大作用，必须通过开放创新提高产业竞争力，提升参与国际产能合作的能力和在区域生产网络中的地位。一方面，吸收沿线国家和地区的技术、人才等创新资源要素，通过开放创新提高核心竞争力。另一方面，应借鉴美、日等发达国家经验，以“一带一路”国际产能合作的契机，拓展我国的技术和产业生态，营建开放包容的创新合作体系。

（三）以不断完善合作规划和策略，提升国际产能合作的水平

布局上要注重深耕周边，遴选重点。周边国家地理区位和语言文

化相近，具有开展国际产能合作的得天独厚的条件。我国应立足周边，向东扩大技术合作，向北、向西加大能源和物流通道合作，向南构建区域生产网络。同时，对于“一带一路”沿线国家和地区对我国投资需求高、环境友好、具备较好合作基础的国家加大产能合作力度，优化我国在沿线区域的布局。

加强国际产能合作的内外统筹与科学引导。应全面统筹国际产能合作的领域，在促进优势产能“走出去”的同时，避免引发国内空心化问题。“一带一路”不少沿线国家和地区经济基础较为薄弱，债务风险较高，我国必须加强对合作地区和产业的前瞻谋划，根据国别特点、优势互补情况，分类引导产业合作方向。

深化国际产能合作的机制建设，将大倡议落到实处。当前，“一带一路”倡议已经从“大写意”进入到“工笔画”阶段，亟待深化合作机制，提高合作质量。例如，推进“一带一路”自贸区，签署和升级与沿线地区的双边投资协定、税收减免协定等；就基础设施、规则标准等领域的联通开展深层次、广范围的国际沟通与协调。发挥多边机构、国际组织、东道国、跨国公司等积极性，共建国际合作机制。

（四）健全引导和促进国际产能合作的国内政策体系

鼓励支持企业参与国际产能合作。对于大型企业，支持其发挥龙头带动作用。对于中小企业，从信息服务、人才培训、合规能力提升以及境外合作园区平台等方面加大支持力度。

构建高水平的国际产能合作信息服务体系。在国家层面，完善“一带一路”沿线国家和地区产能合作的常规信息沟通交流机制，搭建高水平的信息服务平台，引导企业采取东道国乐于接受的方式开展产能合作。在行业层面，引导行业协会加快构建产业内与产业间信息共享机制，加强“抱团出海”与产业链上下游协同开展国际合作；增强行业协会专业技术服务、国际形象塑造和政策沟通等能力。在企业层面，引导企业在国际经营中加快构建本土信息网络，建设人才库、法律法规库，加强多层次信息分享，提高国际产能合作的效益和水平。

加强海外利益保障政策体系。加大知识产权保护力度，完善争端解决机制，加大海外权益保护力度。健全海外保险体系，完善海外安保体系建设等。

执笔人：宗芳宇　钱　婷（北京工业大学）

参考文献

[1] Ernst D, Kim L. Global Production Networks, Knowledge Diffusion, and Local Capability Formation. Research Policy, 2002, 31 (8): 1417 ~ 1429

[2] Gereffi, Gary. International Trade and Industrial Upgrading in the Apparel Commodity Chain. Journal of International Economics, 1999, 48 (1): 37 ~ 70

[3] Kenderdine. T, Ling H. International Capacity Cooperation-Financing China's Export of Industrial Overcapacity. Global Policy, 2017

[4] Ross J. International Production Capacity Cooperation - a New Stage in China's Globalization. China Today, 2016 (5): 51 ~ 52

[5] Sturgeon, Timothy. Modular Production Networks: A New American Model of Industrial Organization. Industrial and Corporate Change, 2002, 11 (3): 451 ~ 496

[6] 陈道富. 发展中国家对外直接投资的经验教训借鉴. 重庆工学院学报（社会科学版）, 2009, 23 (3)

[7] 陈恒，王蕾. 小岛清的边际产业扩张论评介. 商业经济，2008 (18)

[8] 陈凯璇. “一带一路”背景下我国国际产能合作效率及其影响因素研究. 济南：山东大学，2019

[9] 陈丽阳. 中国新能源产业参与国际合作的机遇与挑战. 国际经济合作，2016 (5)

[10] 陈蔚. 借鉴日、韩经验调整产业结构. 中国国情国力，1999 (7)

[11] 曹秀莲. 日本综合商社的国际战略学解析. 长春：吉林大学，2004

[12] 崔栢烈，郭化冰. 韩国中小企业对外直接投资扶持政策及对中国的启示. 中国外资，2012 (4)

[13] 崔日明，陈晨. 美国“新丝绸之路”战略研究——基于中国“一带一路”战略比较. 世界经济与政治论坛，2016 (3)

[14] 查尔斯·W·L·希尔. 国际商务（第7版）. 北京：中国人民大学出版社，2011

[15] 丁阳. “一带一路”战略中的产业合作问题研究. 北京：对外经济贸易大学，2016

[16] 杜娟. 新一轮欧洲产业转移特点分析. 上海经济研究, 2006 (6)
[17] 方晓霞, 杨丹辉, 李晓华. 日本应对工业4.0: 竞争优势重构与产业政策的角色. 经济管理, 2015, 37 (11)
[18] 方晓霞, 杨丹辉, 李晓华. 新科技革命与产业革命深度交互下超智慧社会构建——日本的战略演进与机制创新. 日本问题研究, 2018, 32 (1)
[19] 方晓霞. 中日产业竞争力比较与产业合作的前景分析. 发展研究, 2020 (4)
[20] 傅远佳. 自贸区视角下北部湾经济区国际产业合作研究. 价格月刊, 2012 (10)
[21] 甘旭峰. 日韩产业政策经验对中国实施“十大产业振兴规划”的启示. 亚太经济, 2009 (5)
[22] 高丽峰, 李文芳, 于雅倩. 美国对外直接投资与产业升级的关系研究. 经济经纬, 2013 (6)
[23] 高敏雪, 李颖俊. 对外直接投资发展阶段的实证分析——国际经验与中国现状的探讨. 管理世界, 2004 (1)
[24] 郭建民, 郑憩. 开展国际产能合作评价指标体系及实证研究. 宏观经济研究, 2019 (9)
[25] 郭连成, 徐雅雯, 王鑫. 国际产业转移与美国和欧盟产业结构调整. 财经问题研究, 2012 (10)
[26] 郭显龙, 陈慧. “一带一路”下中国与澜湄五国国际产能合作研究. 宏观经济管理, 2019 (11)
[27] 国家开发银行“海上丝绸之路战略性项目实施策略研究: 重点国家的战略评估与政策建议”课题组. “21世纪海上丝绸之路”背景下的我国海洋产业国际合作. 海洋开发与管理, 2018, 35 (4)
[28] 韩晓东. 借鉴日本商社组织, 发展中国的综合商社. 中国兵工, 1995 (01): 20－21
[29] 胡博超. 城市间国际产能合作研究. 当代县域经济, 2020 (1)
[30] 黄蕙萍, 缪子菊, 袁野, 李殊琦. 生产性服务业的全球价值链及其中国参与度. 管理世界, 2020, 36 (9)
[31] 黄健柏, 刘京星. “一带一路”战略背景下金属产业国际产能合作研究. 中国人口·资源与环境, 2017, 27 (7)
[32] 黄伟. 日本对外直接投资的发展历程及启示. 中国物价, 2013 (5)
[33] 季开胜. 关于推进我国战略性新兴产业国际合作的思考. 学术交流, 2014 (3)
[34] 姜虹, 范纯增. 韩国对外直接投资的区域特征及成因. 东北亚论坛, 2002 (2)
[35] 焦多田. 产能合作: 对工业革命与国际产业转移的镜鉴研究. 开发性金融研究, 2018, 17 (1)
[36] 金明玉, 王大超. 韩国对外直接投资与产业结构优化研究. 东北亚论坛, 2009, 18 (3)
[37] 兰健, 周禄松. 日本引导产业转移的经验借鉴. 浙江经济, 2019 (17)
[38] 雷小苗, 李良艳, 王岳龙. 高科技企业的国际合作经验与启示——基于航空发动机产业的分析. 科技管理研究, 2019, 39 (17)
[39] 李格琴. 西方国际合作理论研究述评. 山东社会科学, 2008 (7)
[40] 李娇. 东亚贸易模式转变——基于国际生产网络的视角. 国际经贸探索, 2008 (5)
[41] 李兴. 亚欧中心跨区域合作体制机制比较分析: “丝绸之路经济带”、欧亚经济联盟和“新丝绸之路”. 人文杂志, 2018 (9)
[42] 李一鸣. 中欧产业合作研究. 长春: 吉林大学, 2018
[43] 李长胜, 蔡敏. 产业政策与经济转型: 美国20世纪80年代以来的经验与启示. 改革与战略, 2018, 34 (7)
[44] 李子伦, 马君. 新比较经济学视角下产业结构升级中的政府职能选择——基于美国、日本、拉美地区的历史数据研究. 当代经济科学, 2017, 39 (3)

[45] 刘德伟，李连芬．美国式国际生产网络的运行模式．当代经济管理，2015，37（3）
[46] 刘德伟，李连芬．日本式国际生产网络的运行模式及其借鉴．财经科学，2015（7）
[47] 刘佳骏．“21 世纪海上丝绸之路”沿线产能合作路径探析．国际经济合作，2016（8）
[48] 刘建设．“一带一路”国际产能合作问题研究．中国社会科学院研究生院，2019
[49] 刘敏，赵璟，薛伟贤．“一带一路”产能合作与发展中国家全球价值链地位提升．国际经贸探索，2018，34（8）
[50] 刘勇，黄子恒，杜帅，吴斌，孙欣如．国际产能合作：规律、趋势与政策．上海经济研究，2018（2）
[51] 卢锋，李昕，李双双，姜志霄，张杰平，杨业伟．为什么是中国？——“一带一路”的经济逻辑．国际经济评论，2015（3）
[52] 马文秀，杨茜．日本对外直接投资缓解日美贸易摩擦的效应及其启示．日本研究，2008（1）
[53] 毛志文．区域经济一体化背景下的国际产业合作研究．南宁：广西大学，2007
[54] 彭凯，段元萍．日美对外投资经验对我国“一带一路”战略的启示．改革与开放，2015（17）
[55] 邱斌，叶龙凤，孙少勤．参与全球生产网络对我国制造业价值链提升影响的实证研究——基于出口复杂度的分析．中国工业经济，2012（1）
[56] 任易．国际直接投资理论流派回顾与评价——兼谈对中国的启示．中国经贸，2008（3）
[57] 邵冰，崔健．“一带一路”战略合作与日本对外经济合作比较研究．社会科学战线，2016（5）
[58] 施锦芳，胡丹凤，郭亚强．日本中小企业对外直接投资及其对中国“走出去”战略的启示．大连大学学报，2016，37（1）
[59] 孙楚仁，沈玉良，章韬，张卡．“全球生产网络、中国经济转型与国际贸易结构调整学术研讨会”综述．经济研究，2013，48（1）
[60] 孙海泳．中外产能合作：指导理念与支持路径．国际问题研究，2016（3）
[61] 孙杭生．英国、美国、日本“世界工厂”衰退的路径依赖及启示．中国科技投资，2010（9）
[62] 孙吉胜．“一带一路”与国际合作理论创新：文化、理念与实践．国际问题研究，2020（3）
[63] 孙彦红．欧盟产业政策与中欧产业合作．领导科学论坛，2018（2）
[64] 孙志红，吕婷婷．国际产能合作背景下对外直接投资逆向技术溢出效应的地区差异——基于金融门槛效应的考察．国际商务（对外经济贸易大学学报），2019（5）
[65] 陶睿，张旭辉．国际产能合作的目标市场选择——“一带一路”背景下的分析．技术经济与管理研究，2019（9）
[66] 佟家栋，刘程．与对外贸易政策相连接的产业政策——试论产业政策与政府干预．南开学报（哲学社会科学版），2017（6）
[67] 佟家栋，谢丹阳，包群，黄群慧，李向阳，刘志彪，金碚，余淼杰，王孝松．“逆全球化”与实体经济转型升级笔谈．中国工业经济，2017（6）
[68] 佟家栋．“一带一路”倡议的理论超越．经济研究，2017，52（12）
[69] 王昌林．新一轮科技革命和产业变革发展趋势与对策——2017 年中韩经济合作研讨会文集．北京：中国计划出版社，2018，6
[70] 王晶．日本制造业国际化机制及对制造强国建设的启示．工业经济论坛，2016，03（5）
[71] 王静文，吕昕娱．从国际生产网络角度比较美日企业模式．现代日本经济，2007（5）
[72] 王立君．后危机时代中国产业政策法律化的战略思考——以日韩产业政策法制化发展经验为借鉴．湖南社会科学，2011（2）

[73] 王利晓. 中国国际产能合作内涵、路径及机制研究文献综述. 经济研究导刊, 2020 (19)
[74] 王绍光. 新技术革命与国家理论. 中央社会主义学院学报, 2019 (5)
[75] 王衍飞, 张红霞. 当前中国对外投资战略的国际比较——中美日三国对比研究. 河南社会科学, 2017, 25 (5)
[76] 吴福象, 段巍. 国际产能合作与重塑中国经济地理. 中国社会科学, 2017 (2)
[77] 吴俊. 中外国际合作理论与实践比较——兼论中国新时代的国际合作模式. 中国经贸导刊(中), 2019 (10)
[78] 郭连成, 徐雅雯, 王鑫. 国际产业转移与美国和欧盟产业结构调整. 财经问题研究, 2012 (10)
[79] 夏先良. 构筑“一带一路”国际产能合作体制机制与政策体系. 国际贸易, 2015 (11)
[80] 贤俊江. 我国海洋新能源开发与产业技术推进的国际合作研究. 青岛: 中国海洋大学, 2012
[81] 熊勇清, 李鑫. “国际产能合作”: 制造业海外市场战略转换方向? ——“战略价值”与“微观绩效”的评估分析. 科学学与科学技术管理, 2016, 37 (11)
[82] 徐景军. “一带一路”倡议下国际产能合作风险与对策研究. 中小企业管理与科技(下旬刊), 2019 (10)
[83] 杨华. 健全境外投资综合服务体系, 促进“走出去”战略的实施——以韩国经验为借鉴. 中央财经大学学报, 2014 (10)
[84] 应验. 中国健康产业国际合作路径研究与建议. 卫生软科学, 2017, 31 (7)
[85] 袁红林, 辛娜. 全球生产网络下我国先进制造业集群的国际经验与政策建议. 国际贸易, 2019 (5)
[86] 袁丽梅, 朱谷生. 我国开展国际产能合作的动力因素及策略. 企业经济, 2016 (5)
[87] 袁奇, 刘崇仪. 美国产业结构变动与服务业的发展. 世界经济研究, 2007 (2)
[88] 张洪, 梁松. 共生理论视角下国际产能合作的模式探析与机制构建——以中哈产能合作为例. 宏观经济研究, 2015 (12)
[89] 张茉楠. 基于全球价值链的“一带一路”推进战略. 宏观经济管理, 2016 (9)
[90] 张颂. 二战后美国产业转移及权力地位研究. 上海: 华东师范大学, 2019
[91] 张伟昌. 日本的国际“产业合作”. 计划经济研究, 1984 (19)
[92] 张习宁. 日韩产业升级的经验及对我国的启示. 海南金融, 2011 (5)
[93] 张晓涛, 刘亿, 刘笑萍. “一带一路”倡议背景下我国企业海外投资金融支持体系研究——日本的经验与启示. 国际贸易, 2019 (3)
[94] 张宇燕. 中国对外开放的理念、进程与逻辑. 中国社会科学, 2018 (11)
[95] 张玉来. 日本综合商社再转型. 董事会, 2015 (11): 74-77
[96] 张玉柯, 徐永利. 国际生产网络下日本汽车产业的中国本土化. 日本学刊, 2011 (1)
[97] 张哲人, 李慰, 原倩. 德国产业升级与转移对推进国际产能合作的启示. 中国经贸导刊(理论版), 2017 (23)
[98] 赵春明, 何艳. 从国际经验看中国对外直接投资的产业和区位选择. 世界经济, 2002 (5)
[99] 赵东麒, 桑百川. “一带一路”倡议下的国际产能合作——基于产业国际竞争力的实证分析. 国际贸易问题, 2016 (10)
[100] 赵东麒. “一带一路”建设中国际产能合作的路径选择. 北京: 对外经济贸易大学, 2018
[101] 赵永升. 法国: 行会分权去产能过剩. 经济, 2013 (10)

[102] 周建军. 美国产业政策的政治经济学：从产业技术政策到产业组织政策. 经济社会体制比较，2017（1）

[103] 周理清. 国际合作理论研究. 学理论，2015（32）

[104] 周永生. 21 世纪初日本对外区域经济合作战略. 世界经济与政治，2008（4）

[105] 朱健，李芳芳. “一带一路”背景下我国 IT 产业国际合作模式与政策研究. 宏观经济管理，2017（11）

[106] 祝滨滨，王胜今. 通过国际产业合作园区建设参与东北亚国际产业合作的个案探索. 经济纵横，2018（1）

[107] 卓凯，殷存毅. 区域合作的制度基础：跨界治理理论与欧盟经验. 财经研究，2007（1）

专题报告二

“一带一路”产能合作面临的新形势及应对思路

推进国际产能合作，不仅有利于国内企业更好地“走出去”以有效地利用和配置全球资源，为国内经济结果转型升级创造机遇空间，也能为当地经济社会的发展和产业组织功能的完善提供有力的外部推力，是我国参与高水平国际竞争合作的重要手段，也是践行“一带一路”倡议和体现“共商共建共享”原则的最佳渠道。

当前，“一带一路”国际产能合作已初见成效。然而，新时期，世界大国关系、国际经济环境和科学技术条件等都正在发生深刻调整。与此同时，我国也步入了发展阶段转换和新旧动能交替的特殊关键阶段，传统优势正在弱化但尚未丧失，新的优势正在建立但尚不牢固，发展道路和产业选择的重要性凸显。这些因素的变化既为我国下一阶段开展国际产能合作创造了新的机遇，也不可避免地形成了新的障碍。在这个过程中，如何充分把握国内外发展环境的变化，趋利避害，构建互利共赢的产业合作网络就显得尤为重要。本专题报告将重点梳理这些新机遇与新挑战，以期为其他研究工作提供基本的背景信息。

一、“一带一路”产能合作面临的新机遇

（一）有顶层对接，提供了全面和深入布局产能合作网络的政策可能性

国际产能合作依赖的是投资国与东道国之间需求的对接和优势的互补，两者缺一不可。尽管后者是开展国际产能合作的初衷和原则，但顶层需求的对接才能激发合作的愿望，使合作真正成为互利共赢的双向互动。近些年来，“一带一路”沿线区域国家和地区对经济增长和产业发展的需求愈加强烈，出台了大量的规划，包括欧盟的“容克计划”、俄罗斯的“欧亚经济联盟”、蒙古国的“发展之路”、哈萨克斯坦的“光明之路”、波兰的“琥珀之路”等，这些规划都与“一带一路”倡议的精神实质相契合，为中国从更全面和更深层次布局产能合作网络提供了机遇空间。

当前，中国已与这些规划成功对接，并通过签署多种类型的双边或区域合作协议具体予以落实，领域涉及产能合作、贸易便利化、海关执法互助、检验检疫等。如中国与15个沿线国家和地区签署了包括《上海合作组织成员国政府间国际道路运输便利化协定》在内的18个双、多边国际运输便利化协定；与沿线国家和地区开展多方位的口岸通关协调合作，大大提升了通关便利，平均查验率和通关时间下降了50%；为共同应对网络空间安全威胁和把握数字经济给不发达经济体带来的发展机遇，中国同20多个国家和地区通信主管部门和国际组织签署了网络空间合作协议，与22个国家和地区签署电子商务合作备忘录，建立了双边电子商务合作机制；与此同时，中国还与埃及、老挝、沙特阿拉伯、塞尔维亚、泰国、土耳其、阿联酋等国家共同发起

《“一带一路”数字经济国际合作倡议》，与16个国家签署加强数字丝绸之路建设合作文件。截至2019年7月底，中国政府已与136个国家和30个国际组织签署了195份合作协议，商签的范围由亚欧地区延伸至非洲、拉丁美洲、南太平洋等相关国家。

另外，“一带一路”倡议还与区域组织进行广泛对接。比如，2015年7月10日，上海合作组织发表了《上海合作组织成员国元首乌法宣言》，支持中国关于建设丝绸之路经济带的倡议。2016年9月，《二十国集团领导人杭州峰会公报》通过了中国提出的建立“全球基础设施互联互通联盟”倡议。中国与东盟10国发表《中国东盟产能合作联合声明》，与湄公河5国发表《澜沧江—湄公河国家产能合作联合声明》，与东盟领导人达成了较为完整的贸易投资便利化方案《大湄公河次区域贸易投资便利化战略行动框架》（SFA - TFI），拓展了“一带一路”框架下的合作。与此同时，共建“一带一路”倡议及其核心理念已写入联合国、二十国集团、亚太经合组织以及其他区域组织等有关文件中。

（二）配套支撑环境日趋完善，产能合作网络的构建不再受制于市场空间的限制，充分发挥资源互补优势

政策沟通的顺畅进行，为中国推进“一带一路”国际产能合作提供了重要的机遇前提和制度保障，这尤其体现在设施联通和资金融通方面。

设施联通是“一带一路”建设的优先领域，是实现经贸往来和产能合作的前提和基础，对于降低贸易成本，扩大经贸投资规模非常重要。自2013年“一带一路”倡议提出以来，中国与“一带一路”沿线国家和地区在港口、铁路、公路、航空等领域开展大量合作，推动

了运输的便利，设施联通的红利正在逐步释放。一是在港口合作方面，中国已与世界200多个国家的600多个主要港口建立了航线联系，海运互联互通指数保持全球第一。二是在中欧班列方面，2011年，中欧之间班列全年开行仅17列，年运送货物总值不足6亿美元；到2019年的全年开行量已达8225列，较上年同期增长29%，发送72.5万标箱、同比增长34%，广泛连接德国、俄罗斯、哈萨克斯坦、塔吉克斯坦、波兰和白俄罗斯等国家；同时，地方政府当局开始算“经济账”，推动班列开行由数量型向质量型转变，据悉，中欧班列“空箱”现象已成为过去，综合重箱率达92%，陆海新通道海铁联运班列全年发送货物同比激增163%。三是在航空运输方面，6年多来，中国与沿线国家新增国际航线超过1200条，占新开通国际航线总量的70%左右，便捷了人员往来和高价值货物的运输，为中国与“一带一路”沿线国家和地区开展更高质量的产能合作提供了高效的通道环境。

资金融通是“一带一路”产能合作的血液和营养组织。当前，中国与“一带一路”区域国家和地区的多元化的资金融通体系不断完善，对产能合作的支撑作用逐渐增强。除了共同推进亚洲基础设施投资银行、金砖国家开发银行和丝路基金的组建运营外，我国金融机构还致力于推动构建长期、稳定、可持续、风险可控的多元化融资体系，为“一带一路”建设项目提供较为充足和安全的资金保障。中国已先后与20多个沿线国家和地区建立了双边本币互换安排，与7个沿线国家和地区建立了人民币清算安排，与35个沿线国家和地区的金融监管当局签署了合作文件。其中，中国与亚洲、大洋洲等地区国家的合作表现尤为突出，与阿联酋、巴基斯坦、俄罗斯、哈萨克斯坦、韩国、泰国等16个国家的金融合作进展良好。人民币国际支付、投资、交易、储备功能也在稳步提升，已有10多家中资银行在29个“一带一路”沿线国家和地区设立80家一级机构。此外，人民币跨境支付系统（CIPS）业务范围也已覆盖60多个沿线国家和地区，大大便利了中国企业“走出去”构建全球性的产业链分工体系。

完善的基础设施和配套支撑环境，使企业在制定产能合作相关的发展决策时，不再局限于狭小的较为成熟的市场，而是在更大的区域范围内布局企业发展战略，以充分利用两个市场、两种资源，最大化产能合作的长远利益。

（三）民营企业参与增多，产能合作“下半场”的功能主体的力量不断壮大

在“一带一路”建设的设施联通方面，中国的国有企业发挥主导作用，民营企业为辅助力量；但在产能合作方面，则需要高度依赖于民营企业的发展活力和能动性。改革开放40多年来，中国民间投资和民营经济由小到大、由弱变强，已日渐成为推动中国经济发展、优化产业结构、繁荣城乡市场、扩大社会就业的重要力量。同时，随着中国民营企业不断发展，一些中国民营企业家在推进企业发展布局时，颇具世界眼光。特别是近年来，受国内外发展环境变动的影响，中国民营企业积极“走出去”，在“一带一路”沿线国家和地区构建新型国际分工网络，已成为参与“一带一路”建设的生力军。

《2019中国民营企业“一带一路”可持续发展报告》显示，截至2017年底，中国民营企业在对“一带一路”沿线国家和地区投资的企业中的占比为25.7%；并购项目存量共计700宗左右，虽然主要集中于传统制造业，如机械制造业、非金属矿物制品业、橡胶行业、食品行业等，约占民营企业赴沿线国家和地区并购总数的60%，但产业链开始不断向清洁能源、零售连锁、生物制药等新兴和高端服务行业延

伸。如上海复星医药（集团）股份有限公司收购印度的 Gland Pharma 有限公司；中国电商企业阿里巴巴集团再度投资 10 亿美元至东南亚电商平台 Lazada Group，持股比例提高至 83%；腾讯控股收购印度叫车服务企业 ANI Technologies 股权等。

随着越来越多的国家加入“一带一路”产能合作网络，区域间在发展水平和发展优势上的差异性开始凸显。中国民营企业较为灵活的发展特征，使它们能充分利用当地优势，因地制宜，采取不同的合作战略：在东南亚、中亚、南美、非洲等地主要以发展产能合作的制造环节为主；在欧洲等地主要以建立营销网络、设立研发中心为主；在中国港澳地区主要以设立平台和窗口公司为主。其中，海外园区在具体落实产能合作的实践中作用突出。主要体现在能够为“走出去”的中国企业利用产业集群和投资规模效应创造条件，避免单打独斗，实现抱团取暖；同时也为这些投资主体搭建了一个配套完善的公共服务平台，其中包含的翻译、政策法律咨询、优惠政策申请、投融资服务、商业注册、规划咨询等一站式服务，大大解决了企业刚到一个国家去投资建厂的一些后顾之忧，并为企业的海外发展提供了更加优渥的条件和安全保障，已经成为中国企业“走出去”的第一站。2016 年国务院发布《国家战略性新兴产业发展“十三五”规划》，明确鼓励建立“国际创新合作中心”“创新园区”以及“海外研发中心”等国际研发合作“新平台”，中国海外科技园也已成为企业布局欧美等发达国家产能合作网络的重要手段。

（四）地区吸引力提升，强化了产能合作网络的外部力量支撑

伴随着国际投资和技术合作的整体推进，“一带一路”区域产业链网络逐渐完善和成熟，内部贸易联系愈发紧密。当前，“一带一路”

区域内部贸易在全球总贸易中的占比也明显提升，至2017年已达13.4%，超越北美自贸区成为仅次于欧盟的全球第二大区域产业链分工网络。根据《“一带一路”贸易投资指数（BRTII）》研究显示，从贸易方式看，电器机械设备及能源大宗商品等中间品贸易已成为“一带一路”区域贸易的主要形式，2017年中间品贸易占区域内贸易的比重超过60%。中国作为“一带一路”最大的中间品贸易大国，已成为构建该地区产业链合作网络的中流砥柱。2017年中国中间品进口总额为9431.2亿美元（1美元约合6.8元人民币），占“一带一路”中间品进口总额的36.3%，较2013年上升5.0个百分点；其中，自“一带一路”沿线国家和地区进口3023.1亿美元，占中国中间品进口总额的32.1%。

区域内完整产业链网络的建立和配套环境的逐步完善，激发了该地区的发展活力和发展潜能，进而也增大了该地区对国际第三方的吸引力，“一带一路”产能合作已不再是中国与沿线区域国家的“独角戏”。2017年，“一带一路”沿线国家和地区吸引外资总额为3237亿美元，同比增长2.1%，吸引了全球31.6%的外资流入，大幅超过北美自由贸易区的23.0%，以及欧盟的21.2%，已成为全球最重要的外资流入地。这些新增国际资源都会成为强化“一带一路”区域产能合作网络的力量支撑。但不可否认的是，国际第三方，尤其是欧美国家的加入，不仅提升了合作的竞争程度，也为“一带一路”沿线区域开展产能合作充实了发展资源、注入了新活力。

（五）数字技术引领，产能合作的效率和发展空间更加广阔

当前，人工智能、物联网、3D打印和虚拟现实等数字技术的发展，打通了网络世界和物理世界之间沟通的桥梁，极大地改变了产业

组织和合作方式，为开展产能合作开辟了合作的新空间。一方面，通信技术的发展提高了国际分工网络节点间的沟通效率，降低了协调成本，使更大范围和更远距离的产能合作成为可能；另一方面，智能制造、3D 打印技术的发展，降低了对产业协作的需求和对劳动力素质的要求，使原先无法参与国际分工的最不发达国家和中小企业也可以直接参与国际产能合作，由此强化了“一带一路”沿线国家和地区开展产能合作的自身造血功能。

大范围采用新技术，离不开区域内部与区域间的“数字丝绸之路”联通。目前，中国已与沿线国家和地区建设34 条跨境陆缆和多条国际海缆，联通亚非欧等世界各地，积极打造高质量“数字丝绸之路”。此外，“一带一路”沿线大多是新兴经济体和发展中国家，都有抢抓信息革命历史性机遇、加快信息通信基础设施建设的迫切需求。为此，中国还致力于提升沿线区域国家间的互联互通水平。例如，中国联通已在“一带一路”沿线成立 13 个分支机构，累计落实“一带一路”项目逾 30 个，并大幅下调“一带一路”区域国际通信资费，从基础设施、产品服务、产业合作及队伍建设等方面全面落实“一带一路”倡议。总之，“数字丝绸之路”的构建，为沿线国家和地区抓住数字发展红利、开展产能合作提供了必要的发展准备。

二、“一带一路”产能合作面临的新挑战

新时期国内外形势的改变，既为中国开展“一带一路”产能合作创造了机遇，也带来了一些新的挑战。

（一）大国竞争加剧，产能合作干扰因素增多

随着中国经济实力的不断增强和技术水平的大幅提升，中国对世

界经济和国际格局的影响力都显著提高，这极大地挑战了以美国为主导的国际治理秩序，并加剧了两国间的紧张局势。这种紧张局势不仅体现在两国的正面冲突上，还表现为美国在“一带一路”建设和产能合作上与中国开展竞争并遏制中国的发展势头。美国调整了区域战略规划，提出“印太战略”，积极布局该地区的建设，有意遏制中国在亚太地区的影响力提升。

（二）国际政治动荡加剧，产能合作的稳定性面临威胁

产能合作需要身处产业链中的每一个企业都能够及时交付约定数量和质量的产品，以用于下一环节的价值创造，因此对生产的稳定性要求极高。但“一带一路”产能合作涉及一些极不发达和政治动荡国家，凤凰国际智库发布的《2017 年上半年凤凰全球政治安全风险追踪》评出的前十大高政治、安全风险的国家和地区中，“一带一路”沿线国家和地区就占了八席。而据 2018 年《“一带一路”国家投资指数报告》显示，“一带一路”沿线国家和地区中，东南亚、中亚、中东国家和地区的风险呈显著提升趋势。其中，东南亚、中亚国家和地区的风险上升主要源于政治风险以及随之引发的外汇风险；中东国家和地区的风险上升主要源于战乱等极端事件导致的政治风险。这不断加剧的政治风险，恶化了生产环境和通道环境，使产能合作面临较多的不稳定因素。

（三）投资东道国的合作门槛提高，对产能合作主导权的竞争加剧

随着“一带一路”产能合作的不断推进，合作的难度也在不断上升。首先，“一带一路”沿线一些发展中国家和地区，一方面在低端制造环节已形成与中国相竞争的格局，甚至显示出更强的竞争力，如

纺织服装制造，产能合作的领域受到限制；另一方面也不再满足于低附加值的劳动密集型制造业的产业合作，对当地经济和技术水平的要求更高，提升了合作的门槛。其次，非洲等最不发达国家和地区，虽然为中国制造继续享受劳动力红利提供了产业转移的空间，但这些国家和地区往往基础十分薄弱，在加强政府作用、改善投资经营环境方面还存在较大欠缺。而美欧等国家的不断介入，使其在与中国进行产业合作的过程中，既表现出强烈的意愿，又提出了更高的要求，增大了中国企业投资当地的合规成本，更重要的是，有弱化中国产能合作主导权的趋势。

就合规成本而言，主要体现在逐渐增多的隐性贸易壁垒上。产能合作依赖于国家间中间产品和最终产品的多次、往返跨境流动，因此，贸易便利化改革对于产能合作的稳步推进影响重大。尽管“一带一路”沿线区域各国和地区间的关税已较之前大幅降低，但自由化速度明显放缓，非关税壁垒激增，尤其表现在边境延误上。一般而言，“一带一路”沿线经济体的边境延误问题比七国集团严重得多。据世界银行的《全球营商环境报告》显示，欧洲和中亚走廊经济体进口所需平均时间为七国集团的 2 倍，撒哈拉以南非洲走廊经济体进口所需平均时间为七国集团的 44 倍，其他地区处于两者之间。“一带一路”沿线经济体出口所需平均时间同样高于七国集团，但是差距要小得多。例如，撒哈拉以南非洲出口所需时间仅仅是七国集团的 5 倍，是欧洲和中亚的 3 倍。

近些年来，“一带一路”沿线经济体也开始注重通过签署贸易协议来推动便利化，所签署的贸易协议的数量与非“一带一路”经济体相当，但层次和开放度上要低得多，较少涉及 GATT 管辖范围之外的“额外”条款，如资本流动、投资、知识产权保护和环境法等产能合作必然要触碰的国内监管问题，而是将重点放在降低货物贸易的通关成本上，使产能合作面临较高的制度性成本。世界银行的研究报告《“一带一路”经济学》指出，政策沟通障碍，使“一带一路”沿线经济体的贸易与投资潜力无法得到充分挖掘。平均而言，沿线经济体彼此之间及与世界其他地区的贸易水平低出其潜力值30%；而作为外国直接投资的接受国，沿线经济体所吸收的外国直接投资也低出其潜力值70%。

（四）中国开展“一带一路”产能合作的国际舆论环境恶化，隐性贸易投资壁垒增多

除受制于客观条件制约外，中国在“一带一路”沿线经济体开展国际产能合作的国际舆论环境也在恶化，一些西方媒体质疑中国开展“一带一路”产能合作的目的和效果，这些不断增强的负面声音成为中国未来参与产能合作的政治阻力，并最终体现在贸易投资壁垒上，制约未来进一步合作的可能。不可否认的是，由于中国前期对“一带一路”沿线经济体的投资主要集中于基础设施建设和能源资源开发领域，过于狭窄的投资指向，为西方个别发达国家歪曲中国投资目的提供了机会。

（五）中国新旧动能转换的过程尚未完成，外部环境的变化有可能改变我国推进产能合作网络建设的节奏

中国经济经过长期的高速增长，现已转向高质量发展的新阶段。在这个阶段，尽管我国经济在体量上已占据国际大国地位，但自身发展的深层次矛盾逐渐显现：经济结构失衡，供给不能有效满足需求，投资效率降低；人口老龄化开始加快，劳动力成本不断升高，传统产

业的优势逐渐削弱；很多行业或科技水平达到世界前沿，但后发优势开始减少；环境承载能力不断下降，资源环境对经济的约束逐渐增强。这些都指向一个事实，即我国作为一个发展中的大国，在追求经济发展的过程中，传统的增长方式不再适应新的形势，经济增长新旧动能面临转换。

这需要我们既要通过向外转移传统优势产业，延长产业生命周期，又要通过内外合力获得发展上的科学指导，尤其体现在技术研发上，从而实现新旧动能的顺利交接。正常情况下，“一带一路”沿线经济体中的不发达经济体为前者创造了舞台，而欧洲技术强国则为我们实现后者提供了帮助，因此，“一带一路”产能合作是这一时期我国解决国内发展大而不强、优势显现但并不突出、传统优势正在迅速消退等问题的重要契机和平台。

然而，在我国内部发展面临不平衡不充分的矛盾的特殊关键期，美国挑起的贸易摩擦所带来的直接冲击和担忧情绪，有可能带来多重影响。一方面，打破了自然演进的国际分工体系，中国产业可能出现加速向其他不发达国家转移的可能性，加剧了在产业转移与国内新旧动能转换间平衡协调的难度。而且一旦形成整个产业链外移的气候，很可能破坏中国制造转型升级的根基。另一方面，在中美贸易摩擦的影响下，其他发达国家也逐渐将中国视为技术密集型高端制造的竞争对手，既使得过去中西之间集中于技术合作的产业合作模式越来越多地受到限制，又阻碍了中国在更大范围内拓展国际高端市场的进程。

三、应对的思路

面对国内外局势的新变化，我们既要坚持“一带一路”产能合作的正确方向，同时也应做好政策上的调整，趋利避害、因势利导，强调构建开放包容、互利共赢的产能合作新网络，努力降低制度性交易成本和提高贸易的便利化程度。具体而言包括以下几方面。

第一，开展国际间更加务实的政策对话与沟通，形成有约束力的保障机制。尤其是要提升与发展中国家之间的政策沟通水平。一是通过签订包含市场准入、投资保护、知识产权、数据流动等内容的高水平贸易、投资和经济技术合作协议，明确双方权利义务，促使各国开展有效的贸易便利化改革，降低投资风险和制度性交易成本；二是建立高层领导定期会晤机制，就加强和深化各领域合作交换意见并达成共识，形成有约束力的文件，强化对开展产能合作的制度保障。这种深层次的政策沟通和交流对话，还有利于推动“一带一路”的一体化进程，缓解各经济体之间规则的碎片化问题，为构建更高效的区域产业链网络营造协调统一的制度环境。

第二，完善制度发展环境，并发挥信息技术在产业升级中的重要作用。对于产业转移问题，既要顺应中国已经失去比较优势的劳动密集型产业转移的自然规律，同时也要开辟技术升级的新路径，延长部分劳动密集型产业在国内发展的生命周期，为我国的新旧动能转换争取更多时间。其中，构建有利于技术发展和技术应用的制度环境和市场环境至关重要。

第三，完善市场中介，提高在更大范围内开展产能合作的质量和效率。企业进行海外投资，往往面临巨大的信息壁垒，其中主要来自语言、文化、时空等隔离产生的跨国间的信息不对称。而全面、准确的信息和数据以及更加专业化的中介服务，对于更好地发掘“一带一路”的贸易和投资机会、规避风险等具有不可替代的作用。可借助政企合作模式，将政府沉淀的数据资源与市场的技术结合起来，用于指导“一带一路”区域的产业合作。例如，威海依托“一带一路”国家云服务运营中心及数字化经济战略联盟，推动威海“走出去”企业与“一带一路”国家云服务运营中心优势互补，提升其开拓“一带一路”市场的能力，目前已率先在俄罗斯和白俄罗斯等国家开展试点。还可鼓励生产商、托运人、港口运营商、海关机构和买家组成“一带一路”产业合作联盟，共享可靠的原产地证明和可信的运输路线和状况记录，降低在边境进行人工检查和文书工作的必要性，提升通关效率。

就市场中介的培育而言，当前已有相关平台在朝着打破“一带一路”沿线信息壁垒的方向努力，如“一带一路”经济信息共享网络和集商网等，但要整合规模庞大的跨国间的信息流、资金流和物流信息，形成内容丰富的信息资源池的发展目标，还面临较多约束。一方面，信息的公开和整合有赖于政府参与的意愿；另一方面，这些平台的建设，存在前期投资大、盈利模式单一、资金回收期长等运营上的掣肘。在解决这些问题方面，作为政府部门，要努力营造有助于培育国际化、市场化的中介服务机构和中间组织的制度环境，打造完善的市场中介服务体系，既要为海外企业提供信息沟通、商业指导、权益保护等服务，提高企业海外拓展的组织化程度。同时也要帮助企业与社区组织、地方政府、当地媒体、金融机构、外国驻华使馆等方面建立多层次沟通交流机制，便利产能合作的有效开展。可借鉴法国开发署、日本国际协力机构的模式，通过派出机构（企业法人），以市场化方式服务“走出去”企业。

第四，积极开展与国际第三方的合作。推动中国与发达国家开展第三方合作，即中国优质产能 + 发达国家先进技术 + 发展中国家现实需求，形成“一带一路”的“北—南—南”合作模式，这样可以充分利用发达国家跨国公司先进的技术、管理经验、营销网络，分散中国企业的投资风险，并展现中国在“一带一路”倡议中所秉持的开放性姿态，推动形成利益共同体、责任共同体和命运共同体。

第五，构建多渠道的金融服务体系。搭建更加开放包容的融资平台，发挥财政资金、国际资本、国有资本和私人资本等各类资本的优势，形成开展“一带一路”产能合作的合力。一方面，在资金供给上，可发行多种期限结构的债权，并给予不同期限债权不同的考核指标和评价体系，以保证风险可控和适度的盈利性。另一方面，也要利用信息技术，强化对资金使用信息的透明化监管，并借助于信用体系的构建，对企业进行分类监管，给予守法经营的企业在资金使用上的便利和使用成本上的特殊待遇，如在利用内保外贷的项目审查上，以适度缓解融资难问题。

第六，加强“二轨”对话及交流合作。借助文化吸引力，发挥地方“代理人”职能，如长沙作为中非合作的支点、上海作为上合组织国家合作的支点等；同时加强与“一带一路”国家和地区的政党、议会、地方、工商界、民间、智库、媒体、高校等“二轨”交往，开展形式多样的交流合作，增进理解、广聚共识、提高互信，为产能合作打造民意基础。

执笔人：陈红娜

专题报告三

推进“一带一路”产能合作制造业重点领域选择与布局

当前，全球范围内新一轮产业分工调整正在加速推进。“一带一路”倡议对我国制造业升级、产业链全球布局优化、发展新空间进一步拓展具有重要意义。如何从“一带一路”沿线国家和地区的现实需求出发，对接和深化产业链务实合作，构建需求导向、优势互补的新型产业合作网络，既是“一带一路”沿线国家和地区经济发展的需要，也是我国制造业高质量发展的重要依托。

一、“一带一路”产能合作的现状

（一）“一带一路”产能合作稳步发展

我国对“一带一路”沿线国家和地区投资稳步发展，自2013年以来，对沿线国家和地区累计直接投资超过1136亿美元。其中，2019年，我国企业对“一带一路”沿线56个国家和地区非金融类直接投资150.4亿美元，占同期我国对外直接投资总额的13.6%，主要投向新加坡、越南、老挝、印度尼西亚、巴基斯坦、泰国、马来西亚、阿联酋、柬埔寨和哈萨克斯坦等国家（见图1）。

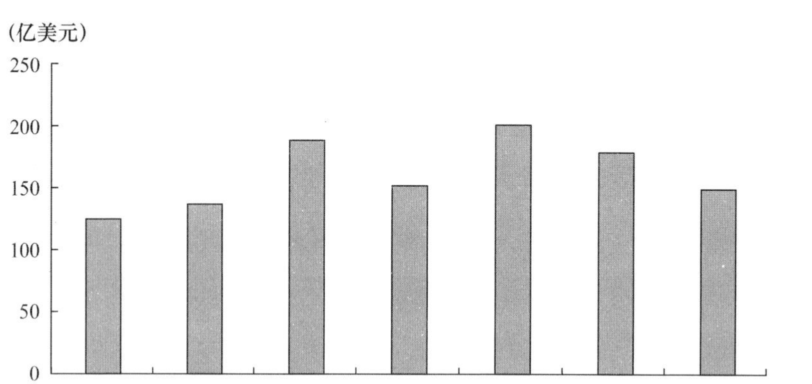

图1　2013～2019年我国对“一带一路”沿线国家和地区投资情况

资料来源：商务部，对外直接投资统计公报。

对外承包工程方面，2019年我国企业在“一带一路”沿线的62个国家和地区新签对外承包工程项目合同6944份，新签合同额1548.9亿美元，占同期我国对外承包工程新签合同额的59.5%，同比增长23.1%；完成营业额979.8亿美元，占同期总额的56.7%，同比增长9.7%。[1]

（二）产能合作的方式日趋多样化

我国企业与“一带一路”沿线国家和地区产能合作的方式呈现出多元化特征。例如，基础设施领域，电力企业参与方式从最初的设备供货发展到目前的EP（设计—采购）、EPC（设计—采购—建设）、IPP（独立电站）、BOT（建设—运营—移交）、BOO（建设—拥有—运营）、PPP（公私合营）、并购、融资租赁等多种形式，合作的深度不断增强。[2] 通信基础运营商以“信息高速公路”建设为基础，合作

① 资料来源：商务部对外投资和经济合作司网站。

② 资料来源：中国“一带一路”网。

建设完成了沿线国家和地区多条海缆、陆缆直通系统，在立体化网络布局基础上，进一步提升平台服务能力。再如，对外承包工程方面，我国承包企业充分发挥资金、技术优势，积极探索开展“工程承包+融资”、“工程承包+融资+运营”、BOT、PPP等多种建设方式。境外经贸合作区作为推进“一带一路”倡议和国际产能与装备制造合作的有效平台，已成为促进我国和东道国经贸合作的重要载体。

（三）产能合作不断向多领域拓展

2018年我国制造业对“一带一路”沿线国家和地区投资58.8亿美元，同比增长42.6%。[①] 这些投资合作，既有以轻工、家电、纺织服装为主的传统优势产业，以钢铁、电解铝、水泥、平板玻璃为主的富余产能产业，也有以电力设备、工程机械、通信设备、高铁和轨道交通为主的装备制造产业。2019年，又有阿联酋伊提哈德铁路网二期工程、中国援南苏丹朱尔河大桥项目、几内亚铝业开发项目、中巴经济走廊阿扎德帕坦水电站项目、沙特电力公司智能电表项目等一批产能合作项目完成签约。中老铁路、雅万高铁建设，尼泊尔全境信息高速公路项目、越南大密漂浮式光伏项目等多项合作取得显著进展。巴基斯坦塔尔电站和煤矿项目成功移交，中国援非“万村通”尼日利亚项目竣工，中俄东线天然气管道投产通气，中企承建的玻利维亚钢厂正式开工，中国在文莱投资最大的综合炼化项目全面投产，中国尼泊尔友谊工业园、中国援埃及二号卫星项目顺利启动等，标志着产能合作正在向多领域延伸拓展。

① 资料来源：商务部《中国对外投资发展报告2018》，2018年12月。

（四）不同领域的产能合作形成了优势互补效应

我国企业与“一带一路”沿线国家和地区的产能合作在带动目的国制造业投资和工业化发展的同时，也有效促进了我国制造业升级和东道国产业发展，拓展了新的发展空间。例如，近年来钢铁企业顺应产业结构调整的内在要求，在寻求资源合作的基础上，进一步深化扩大生产领域投资，涌现出了一批重要的海外钢铁生产项目，其中河钢集团成功收购塞尔维亚斯梅代雷沃钢厂，不到半年一举扭转连续7年亏损局面，使得百年老厂重焕生机。又如，工程机械、汽车等领域从市场拓展的需要出发，近年来在“一带一路”沿线国家和地区投资布局加快，带动工程机械和汽车零部件出口增加，也促进了整机（车）制造的本地化。2019年中国工程机械产品出口额达到242.9亿美元，其中对印度尼西亚、印度、越南、泰国、菲律宾等“一带一路”沿线国家和地区出口额分别占比4.2%、3.2%、3.0%、2.6%、2.4%。再如，纺织服装产业在东南亚等地基于低成本的效率寻求型投资合作，带动了当地大批就业和出口，同时，也促进了相关企业向设计、品牌、渠道等价值链高端升级。还有，在技术合作方面，长电科技收购新加坡星科金朋，有利于整合芯片制造的先进技术和客户资源，更好促进企业发展。

（五）产能合作同步带动了技术和标准合作

“一带一路”产能合作还带动了我国铁路、电力、通信等优势行业的相关技术和标准“走出去”，有效提升了中国制造在全球的软实力、影响力。例如，印度尼西亚雅加达至万隆高速铁路项目是我国从技术标准和装备制造，到勘察设计、工程实施和运营管理等全方位整体“走出去”的第一单项目，具有标杆意义。又如，本格拉铁路横贯安哥拉全境，全长 1344 千米，全部采用中国铁路建设标准，铁路建设期间，中铁二十局为当地培养各类技术人员 5000 多名，并开办了安哥拉第一所铁路职业技能培训学校。此外，中企参与建设的阿联酋铁路项目、肯尼亚内马铁路、斯里兰卡南部铁路均带动了中国标准和设备“走出去”。2018 年，工业和信息化部出台了《关于工业通信业标准化工作服务于“一带一路”建设的实施意见》，进一步明确了强化标准联通顶层设计，加快推动“一带一路”标准体系对接，推进制造业标准化国际合作等方面的重点任务。

二、面临的机遇与挑战

（一）重要机遇

一是“一带一路”沿线国家和地区工业化建设加快推进，为国际产能合作提供了巨大市场需求。“一带一路”沿线很多国家和地区在“2030 愿景”中都提出了加快推进和实现工业化的战略目标，这给国际产能合作创造了重要的合作基础。比如，沙特阿拉伯将本国“2030 愿景”和“一带一路”倡议进行了有效对接，不仅为工业化建设注入了新的动力，更有效促进了该国的经济转型。英国宣布积极支持“一带一路”倡议，在欧洲国家中率先加入了亚洲基础设施投资银行。哈萨克斯坦财政部与“一带一路”有关国家和地区共同起草完善了《“一带一路”税收征管合作机制谅解备忘录》，共同构建“一带一路”税收合作长效机制。菲律宾 2017 年推出的“大建特建”计划与“一带一路”倡议相互契合，并于 2018 年 11 月同中国达成了近 30 项合作协议，涵盖基础设施建设、能源、农业、金融、海关等领域。相关措施的出台不仅体现了各个国家对于工业化的愿景，也在客观上对各方共建“一带一路”提供了重要机遇。“一带一路”沿线国家和地区工业化建设过程中对于基础设施建设的需求也极其旺盛，据新华社报道，印度政府提出了印度2019—2025年整体基础设施投资方案，计划在未来5年内投资100万亿卢比用于基础设施建设。类似的例子都给“一带一路”沿线国家和地区的产能合作带来需求机遇。

二是我国产业结构调整和升级逐步加快，为“一带一路”产能合作提供了供给侧的重要支撑保障。随着我国工业化发展阶段的变化，近年来国内钢铁、建材等原材料工业和一般制造业领域国内市场趋于饱和，固定资产投资增速下降，产能富余的问题日趋显现。与此同时，产能富余倒逼供给侧结构性改革加快。“一带一路”倡议为国内国际产业合作找到了结合点。在结构调整和产业升级基础上，借助出口、对外直接投资、对外工程承包等多种方式，加强与沿线国家和地区基础设施建设和工业化领域的合作，能够为相关国家和地区提供优势、高效、低成本富余产能的支撑，同时也有利于拓展新的市场空间，以国际合作带动国内经济高质量的循环。目前我国在“一带一路”沿线国家和地区经济发展中扮演越来越重要的角色，通过协助“一带一路”沿线国家和地区的基础设施建设、扶持当地重点行业，促进当地的产业变革和经济发展。

三是“一带一路”跨区域协调保障机制逐步建立，全面务实合作面临着重要的制度机遇。“一带一路”倡议自2013年提出以来，得到越来越多国家的积极响应，成为践行共商共建共享理念、构建人类命运共同体的重大举措。截至2020年11月底，共有138个国家、31个国际组织与我国签署了201份共建“一带一路”合作文件。“一带一路”合作层次不断加深、范围持续扩大，合作机制不断完善。我国采取多项措施加强与“一带一路”参与国和地区的经济合作，包括签订新的自贸协定、多次下调关税并出台外资政策、增强跨境电商及境外经贸合作等。已有25个国家和地区与我国达成17个自贸协定，自贸伙伴遍及欧洲、亚洲、大洋洲、南美洲和非洲，涵盖38%的对外贸易额。我国已与61个"一带一路"国家和地区共建立了1023对友好城市。近年来紧紧围绕基础设施建设和产能、经贸合作等重点，与泰国、肯尼亚专门设立了贸易畅通工作组，与科威特、约旦建立了投资合作工作组，与7个国家建立了服务贸易合作机制。立足创新理念和创新规则，制定双边或多边可接纳、互动互补、操作性强的"一带一路"方案，正在为"一带一路"加快落地提供有力的制度保障。

（二）面临挑战

1. "一带一路"沿线国家和地区基础设施发展滞后

由于财政紧张、基建投资支出不足，"一带一路"沿线国家和地区多数呈现基础设施落后的情况，成为产业投资合作的最大制约。根据中国对外承包工程商会发布的《"一带一路"国家基础设施发展指数报告2019》，2019年"一带一路"国家和地区基础设施发展指数稳中微降，从2018年的121下降到119（见图2）。其中，中东欧地区国家数量较多，各国经济基础、资源禀赋、基础设施建设需求差异较大，2019年该地区基础设施发展指数为109，在7个区域中得分垫底。[①] 一些国家基础设施建设滞后主要是因为经济增长未达预期、外部经济环境变化，导致基础设施建设动能不足。

由于互联互通交通便利化水平相对比较低，一定程度上制约了国际产能合作。例如，哈萨克斯坦缺乏横贯东西的大铁路，现有铁路老

① 资料来源：中国对外承包工程商会，《"一带一路"国家基础设施发展指数报告2019》，2019年5月。

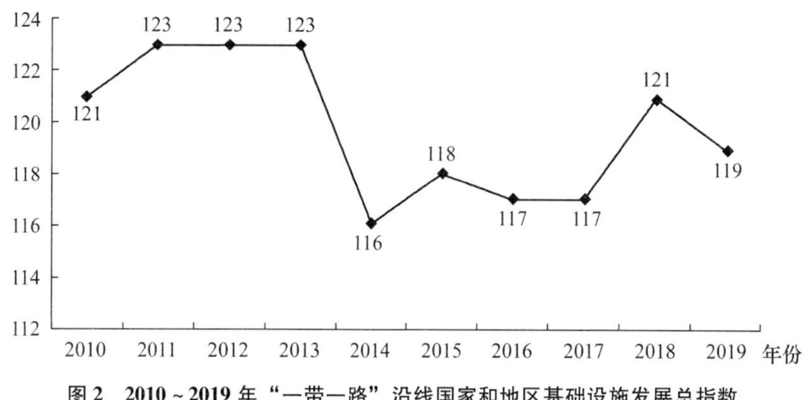

图 2　2010～2019 年“一带一路”沿线国家和地区基础设施发展总指数

化，技术落后。根据世界银行报告，哈萨克斯坦的运输成本高，货物价格是其他工业化国家的两倍多，导致其制造业的供应链严重低效。另外，新亚欧大陆桥存在运量不足问题，总运量占亚欧货物运量的份额不足1%，主要是因为陆地运输相对于海运费用偏高，其中，哈萨克斯坦境内铁路的单轨状况是一个主要制约因素。

2. 产业结构不完善、配套能力较弱

从企业对外直接投资的动因看，除了目标国的市场因素，成本和效率是首要考虑的问题，而产业配套能力是企业综合成本的重要组成部分。目前“一带一路”沿线很多国家和地区工业体系不完善，产业链尚未形成较好的配套，无形中增大了外商直接投资的成本。我国一些“走出去”的企业反映，因无法在当地找到相关配套企业，不得不将国内零部件以出口方式再放到本地组装，这也从一定程度上提高了企业的相关成本。

3. 劳动力素质和效率有待进一步提高

“一带一路”沿线国家和地区劳动力成本普遍较低，但劳动力总体受教育程度普遍不高。存在低端劳动力占比高、专业技术人员和技工极度缺乏的问题。一些调研企业反映，由于当地一般性劳动力具备的技能较为单一，又缺乏系统的培训和文化知识的学习，尚不能很好地满足企业的要求，需要重新进行培训。

4. “一带一路”沿线部分国家和地区政治环境风险较高

根据德勤《“一带一路”国家投资指数报告》，“一带一路”投资吸引力提升的同时，风险也有所提高。其中，东南亚、中亚、中东国家和地区的风险上升主要源于政治风险和外汇风险提升；斯里兰卡、泰国、马尔代夫、老挝、菲律宾分别受宗教冲突、宪法改制等因素影响，政治风险提升；巴基斯坦、马来西亚、尼泊尔的汇率均出现了较大浮动，为外商投资的重要风险点。① 此外，中东地区伊朗局势的风险外溢效应加剧，非洲和拉美部分国家和地区因经济形势恶化导致社会矛盾激增等也给这些地区的国际产能合作带来较高的风险。

三、“一带一路”沿线国家和地区产业优势与互补性分析

（一）基于显示性比较优势（RCA）与互补性的分析

“一带一路”沿线国家和地区各自的产业基础、比较优势与互补性是影响和决定“一带一路”制造业产业合作的重要基础。目前和未来沿线国家和地区的产业合作也将以此经济规律和市场需求为导向，逐步深化重点制造业的合作与布局，实现互利共赢和产业链价值最大化的目标。

1. 计算方法与数据选取

本专题报告 v 选取显示性比较优势来计算“一带一路”沿线国家和地区产业优势与互补性。显示性比较优势指数（RCA 指数）是由美

---

① 资料来源：德勤，《“一带一路”国家投资指数报告》，2019 年 8 月。

国经济学家巴拉萨（Balassa）于1965年提出的，它是衡量一国产品或产业在国际市场的竞争力最具说服力的指标。它旨在定量地描述一个国家内各个产业（产品组）相对出口的表现。通过RCA指数可以判定一国的哪些产业更具出口竞争力，从而揭示一国在国际贸易中的比较优势。显示性比较优势指数的计算公式为：

$$RCA_{ij} = \frac{X_{ij}/X_i}{X_{wj}/X_w}$$

式中，RCA_{ij}为i国j产品的显示性比较优势指数；X_{ij}为i国j产品的出口额；X_i为i国全部产品的出口额；X_{wj}为世界j产品的出口总额；X_w为世界所有产品出口额。一般认为，一国$RCA \geqslant 2.5$则表明该国该产业具有极强的国际竞争力，$0.8 < RCA < 2.5$则表明该国该产业具有较强的国际竞争力，$RCA \leqslant 0.8$则表明该国该产业的国际竞争力很弱。

关于“一带一路”国家和地区范围的选择，现有的研究大部分选取的是“一带一路”沿线国家和地区，即包括中亚5国、蒙俄、东南亚11国、南亚8国、中东欧20国以及南西亚、中东19国等在内的65个国家和地区。随着“一带一路”经贸合作的延伸和拓展，所涉国家范围也在不断扩大，考虑到区域代表性及合作潜力，本专题报告在“一带一路”沿线65个国家和地区基础上，加入了埃及、阿尔及利亚、刚果、加纳、肯尼亚、尼日利亚、南非等非洲国家以及大洋洲的新西兰，共72个国家和地区进行产业优势与互补性分析（见表1）。

对于制造业行业的分类，本专题报告以国家统计局“国民经济行业分类2017”中对制造业的分类为基础，将31个制造业领域进一步归为几个大类，分别是：消费品制造业；原材料制造业；电子信息制造业；装备制造业；其他制造业。并将“国民经济行业分类2017”中

表1 **“一带一路”国家和地区范围**

板　块	国家和地区
中亚5国	哈萨克斯坦、吉尔吉斯斯坦、塔吉克斯坦、乌兹别克斯坦、土库曼斯坦
蒙俄	蒙古、俄罗斯
东南亚11国	越南、老挝、柬埔寨、泰国、马来西亚、新加坡、印度尼西亚、文莱、菲律宾、缅甸、东帝汶
南亚8国	印度、巴基斯坦、孟加拉国、阿富汗、尼泊尔、不丹、斯里兰卡、马尔代夫
中东欧20国	波兰、捷克、斯洛伐克、匈牙利、斯洛文尼亚、克罗地亚、罗马尼亚、保加利亚、塞尔维亚、黑山、北马其顿、波黑、阿尔巴尼亚、爱沙尼亚、立陶宛、拉脱维亚、乌克兰、白俄罗斯、摩尔多瓦、希腊
南西亚、中东18国	土耳其、伊朗、叙利亚、伊拉克、阿联酋、沙特阿拉伯、卡塔尔、巴林、科威特、黎巴嫩、阿曼、也门、约旦、以色列、巴勒斯坦、亚美尼亚、格鲁吉亚、阿塞拜疆
非洲7国	埃及、阿尔及利亚、刚果、加纳、肯尼亚、尼日利亚、南非
大洋洲1国	新西兰

的31个制造业分类与联合国“国际贸易标准分类（HS编码）”进行一一对应，以联合国Comtrade数据库数据为标准进行显示性比较优势的计算（见表2）。

表2 **制造业行业分类与选择**

制造业大类	国民经济行业分类2017制造业分类	国际贸易标准分类对应
消费品制造业	13 农副食品加工业	02 03 07 11 20
	14 食品制造业	04 19 17 18
	15 酒、饮料和精制茶制造业	21 22
	16 烟草制品业	24
	17 纺织业	51 52 53 63
	18 纺织服装、服饰业	61 62
	19 皮革、毛皮、羽毛及其制品和制鞋业	41 42 43
	22 造纸和纸制品业	48

续表

制造业大类	国民经济行业分类 2017 制造业分类	国际贸易标准分类对应
消费品制造业	23 印刷和记录媒介复制业	49
	24 文教、工美、体育和娱乐用品制造业	95
	27 医药制造业	30
	28 化学纤维制造业	54 55
	29 橡胶和塑料制品业	40
	20 木材加工和木、竹、藤、棕、草制品业	44
	21 家具制造业	45
原材料制造业	25 石油、煤炭及其他燃料加工业	27
	26 化学原料和化学制品制造业	28 29
	30 非金属矿物制品业	26
	31 黑色金属冶炼和压延加工业	73
	32 有色金属冶炼和压延加工业	74 75 76 77 78 79 80
电子信息制造业	39 计算机、通信和其他电子设备制造业	8470 8471 8472 8517 8526 8531 8533
装备制造业	33 金属制品业	81 82
	34 通用设备制造业	84
	35 专用设备制造业	90
	36 汽车制造业	87
	37 铁路、船舶、航空航天和其他运输设备制造业	86 88 89
	38 电气机械和器材制造业	85
	40 仪器仪表制造业	90
	43 金属制品、机械和设备修理业	83
其他制造业	41 工艺品及其他制造业	96

2. “一带一路”沿线国家和地区 RCA 指数计算结果与分析

（1）消费品制造业

表 3 到表 5 展示了中国在消费品制造业的 RCA 指数以及“一带一路”沿线国家和地区中 RCA 指数排在前五名的国家。消费品制造业包含农副产品、食品、烟草类制造业，纺织、轻工制造业以及医药制造

业等。

我国在农副产品、食品、烟草类产品方面并不具备比较优势。仅在植物及植物制品门类的显示性比较优势指数接近1，理论上具备较强的国际竞争力。但是和“一带一路”沿线国家和地区中具有很强比较优势的国家差距还很大。具体而言，新西兰在乳制品、动物及动物制品、谷物淀粉制品、食品方面都具备极强的比较优势。与其得天独厚的自然环境和地理优势有关，广袤的草原和适宜的气候都让新西兰在农副产品、食品等方面有很强的比较优势。因此，我国在这一方面进一步加强与新西兰合作的空间很大。此外，中东欧国家和地区在食品制造方面大多具有比较优势。目前我国与中东欧国家和地区的贸易往来较之东南亚国家和地区还比较低，在未来可以推进更多与中东欧国家和地区在农副产品、食品、饮料、酒类等方面的产品进口及投资，实现贸易利益最大化。

表3　　农副产品、食品、烟草类RCA指数

产　业	国家和地区	RCA指数
04-乳制品	中国	0.04
	新西兰	51.05
	白俄罗斯	14.19
	吉尔吉斯斯坦	4.64
	拉脱维亚	4.42
	立陶宛	3.94
02-动物及动物制品	中国	0.05
	新西兰	16.85
	波兰	3.14
	黑山	3.06
	印度	2.07
	乌克兰	1.67
20-植物及植物制品	中国	0.98
	尼泊尔	17.74

续表

产　业	国家和地区	RCA 指数
20 - 植物及植物制品	摩尔多瓦	8.29
	肯尼亚	5.56
	埃及	4.33
	土耳其	3.46
19 - 谷物、淀粉制品	中国	0.16
	新西兰	6.30
	黑山	3.42
	北马其顿	2.97
	尼泊尔	2.80
	波兰	2.54
21 - 杂项食品	中国	0.35
	新西兰	5.80
	克罗地亚	3.24
	塞尔维亚	2.47
	爱沙尼亚	2.45
	约旦	2.41
22 - 饮料、酒、醋	中国	0.12
	格鲁吉亚	19.22
	亚美尼亚	14.67
	摩尔多瓦	10.64
	黑山	6.67
	拉脱维亚	6.41
24 - 烟草及制品	中国	0.25
	亚美尼亚	50.88
	北马其顿	12.04
	肯尼亚	10.01
	立陶宛	8.08
	格鲁吉亚	7.31

资料来源：联合国 Comtrade 数据库。

我国在纺织、轻工制造业的大部分细分产业都具备一定的比较优势。其中化纤纺织品、针织物、纺织物、皮革制品、毛皮制品和玩具用品等都在“一带一路”沿线国家和地区中处于前列，具备较强的比较优势，而在橡胶制品、生皮制品、纸制品方面则不具备比较优势。具体来看，我国具备较强显著性比较优势的产业，“一带一路”沿线国家和地区中同样具备比较优势的国家主要集中在南亚，如印度、尼泊尔等国。而东南亚部分国家、非洲大部分国家以及中东欧的大部分国家都不具备显著性比较优势。从潜在优势看，东南亚国家和非洲地区具有较为明显的用工成本等综合优势。对于橡胶制品，泰国、斯里兰卡、印度尼西亚、马来西亚等国均具有较为明显的资源优势。尼泊尔、黑山、塞尔维亚等部分南亚及中东欧国家则在生皮制品、纸制品和印刷品方面具有优势。

表 4　纺织、轻工制造业 RCA 指数

产　业	国家和地区	RCA 指数
51 - 毛产品	中国	1.10
	蒙古	59.15
	新西兰	12.88
	南非	6.45
	保加利亚	6.40
	立陶宛	4.35
52 - 棉产品	中国	2.37
	印度	7.72
	埃及	6.46
	吉尔吉斯斯坦	5.09
	越南	4.37
	土耳其	3.89
53 - 植物纺织产品	中国	2.13
	尼泊尔	164.65
	斯里兰卡	58.53

续表

产　业	国家和地区	RCA 指数
53 - 植物纺织产品	肯尼亚	30.18
	白俄罗斯	8.08
	立陶宛	7.62
54 - 化纤纺织品	中国	3.17
	尼泊尔	16.69
	土耳其	2.92
	斯洛文尼亚	3.01
	印度	2.91
	印度尼西亚	2.25
60 - 针织物	中国	3.73
	土耳其	5.07
	摩尔多瓦	3.98
	斯里兰卡	2.67
	越南	1.80
	以色列	1.11
62 - 非针织附件	中国	2.91
	斯里兰卡	15.39
	缅甸	12.52
	尼泊尔	7.11
	北马其顿	6.51
	摩尔多瓦	6.50
63 - 其他纺织物	中国	3.44
	尼泊尔	12.87
	印度	5.03
	土耳其	3.79
	埃及	2.62
	摩尔多瓦	2.54
40 - 橡胶制品	中国	0.93
	斯里兰卡	7.61
	泰国	7.01

续表

产 业	国家和地区	RCA 指数
40 - 橡胶制品	塞尔维亚	4.74
	印度尼西亚	4.67
	马来西亚	3.38
42 - 皮革制品	中国	2.72
	越南	3.05
	克罗地亚	2.49
	印度	1.79
	菲律宾	1.72
	波黑	1.53
41 - 生皮制品	中国	0.17
	尼泊尔	7.14
	黑山	6.93
	波黑	6.51
	肯尼亚	5.66
	新西兰	4.80
43 - 毛皮、人造毛皮制品	中国	2.71
	立陶宛	3.64
	波兰	1.73
	土耳其	1.97
	拉脱维亚	1.35
	波黑	1.26
48 - 纸制品	中国	0.81
	塞尔维亚	2.58
	印度尼西亚	2.30
	斯洛文尼亚	2.30
	波黑	2.00
	波兰	1.95
49 - 书籍、报纸、印刷品	中国	0.70
	拉脱维亚	4.45
	波兰	3.35

续表

产　业	国家和地区	RCA 指数
49 - 书籍、报纸、印刷品	爱沙尼亚	2.91
	捷克	2.77
	黑山	2.49
95 - 玩具、运动用品	中国	3.80
	捷克	2.85
	波兰	1.62
	保加利亚	1.53
	斯洛文尼亚	1.36
	爱沙尼亚	1.00

资料来源：联合国 Comtrade 数据库。

我国的医药制造业也不具备比较优势。显示性比较优势最高的国家是以色列，这与现实情况是相符的。以色列的科技创新政策和创新生态体系支撑了以色列的技术快速发展，不论是新药的诞生还是高技术医疗仪器的生产都依托于以色列的创新生态快速成长。另外，东欧的克罗地亚、斯洛文尼亚和匈牙利也具备一定的比较优势。对于印度而言，低廉的劳动力成本、固定资产投资成本和特殊的药品许可制度让其在药品制造业上具备得天独厚的优势。

表 5　　医药制造业 RCA 指数

产　业	国家和地区	RCA 指数
30 - 医药制造业	中国	0.08
	以色列	3.18
	克罗地亚	2.17
	斯洛文尼亚	2.59
	匈牙利	1.21
	印度	1.20

资料来源：联合国 Comtrade 数据库。

（2）原材料工业

我国在化学制品、陶瓷制品和贱金属制品方面具备一定的比较优势（见表6）。在木制品方面，中东欧的拉脱维亚、爱沙尼亚和新西兰都有很强的比较优势，尤其是在原材料方面具有比较优势。矿物制品的贸易优势国家集中在中东的科威特和非洲的阿尔及利亚等国家。对于有机化学品和无机化学品而言，我国在“一带一路”沿线国家和地区中具有一定的比较优势，但是并不处于绝对的领先地位。相较于乌克兰、波黑等国的无机化学品制造，我国的比较优势并不明显。对于有机化学品而言，新加坡、印度等都具有很强的比较优势。对于铜、铁、镍、铝、铅、锌、锡等金属及其制品而言，我国均不具备比较优势。应当针对不同产业的优势国家和地区加大投资力度，促进优势互补的合作。金属陶瓷制品和贱金属制品是我国比较优势较强的产业。在这一领域，波兰、哈萨克斯坦和以色列等都具备很强的比较优势，可以选择有需求的国家和地区进行出口或投资合作。

表6　原材料及原材料制造业 RCA 指数

产　业	国家和地区	RCA 指数
44 - 木制品	中国	0.84
	拉脱维亚	22.37
	爱沙尼亚	13.57
	新西兰	12.22
	黑山	11.57
	波黑	9.79
27 - 矿物制品	中国	0.19
	阿尔及利亚	11.90
	科威特	11.21
	阿塞拜疆	11.10
	文莱	11.09
	哈萨克斯坦	7.86

续表

产　业	国家和地区	RCA 指数
28 - 无机化学品	中国	1.10
	波黑	9.08
	约旦	8.57
	哈萨克斯坦	7.46
	乌克兰	2.99
	肯尼亚	2.61
29 - 有机化学品	中国	1.00
	印度	2.13
	新加坡	1.90
	阿曼	1.79
	文莱	1.14
	科威特	1.02
26 - 矿砂、矿渣及矿灰	中国	0.02
	蒙古	26.51
	亚美尼亚	22.50
	格鲁吉亚	11.61
	黑山	10.44
	南非	9.56
73 - 钢铁制品	中国	1.49
	波黑	3.14
	捷克	2.22
	北马其顿	2.21
	土耳其	2.13
	克罗地亚	1.96
74 - 铜及其制品	中国	0.35
	保加利亚	11.43
	哈萨克斯坦	6.54
	亚美尼亚	4.82
	缅甸	4.41
	塞尔维亚	4.27

续表

产　业	国家和地区	RCA 指数
75 - 镍及其制品	中国	0.16
	菲律宾	5.83
	俄罗斯	5.04
	印度尼西亚	3.37
	南非	3.06
	马来西亚	2.42
76 - 铝及其制品	中国	1.07
	黑山	21.66
	波黑	6.31
	亚美尼亚	5.58
	摩尔多瓦	4.57
	斯洛文尼亚	3.81
78 - 铅及其制品	中国	0.08
	保加利亚	14.43
	哈萨克斯坦	11.36
	尼泊尔	6.00
	格鲁吉亚	5.57
	缅甸	4.67
79 - 锌及其制品	中国	0.1
	哈萨克斯坦	16.85
	保加利亚	6.51
	波黑	4.71
	印度	2.92
	波兰	1.52
80 - 锡及其制品	中国	0.08
	印度尼西亚	30.89
	马来西亚	8.74
	新加坡	4.03
	泰国	2.57
	波兰	1.48

续表

产　业	国家和地区	RCA 指数
81 - 金属陶瓷制品	中国	1.52
	哈萨克斯坦	3.78
	爱沙尼亚	2.98
	俄罗斯	2.42
	乌克兰	2.33
	以色列	1.60
82 - 贱金属工具、餐勺	中国	1.69
	以色列	4.64
	斯洛文尼亚	2.37
	波兰	1.69
	捷克	1.27
83 - 贱金属杂项	中国	1.88
	斯洛伐克	2.40
	波兰	2.15
	捷克	2.14
	斯洛文尼亚	2.05
	尼泊尔	1.44

资料来源：联合国 Comtrade 数据库。

(3) 电子信息制造业

我国在电子信息制造业中体现出的特点是具备相对的竞争优势，但是同“一带一路”沿线国家和地区的最高水平相比还存在着一定的差距（见表7）。具体来看，在计算机、计算装置、数据处理设备、通信设备和电子显示设备等方面已经具备了一定的比较优势，主要优势集中在整机和配套方面。但是由于有些核心关键元器件仍然依赖进口，导致 RCA 指数与前列国家存在差距。基于这样的现状，一方面要加快核心关键技术研发，补齐发展的短板，增强产品的核心竞争力；另一方面从市场拓展和产业链分工逻辑出发，要积极加强对南亚、非洲等一些新兴潜力市场国家和地区的投资，发挥当地劳动力资源优势开展一些组装环节的生产。对于东南亚和中东欧地区而言，由于新加坡、匈牙利、以色列等国的电子信息产业优势均较为突出，可联合开展新一代信息技术领域研发投资合作。

表7　　电子信息制造业 RCA 指数

产　业	国家和地区	RCA 指数
8470－计算机、计算装置	中国	2.58
	菲律宾	7.34
	匈牙利	7.16
	保加利亚	4.06
	马来西亚	3.73
	新加坡	1.79
8471－数据处理设备制造	中国	3.45
	菲律宾	3.82
	捷克	3.03
	泰国	2.74
	马来西亚	2.14
	匈牙利	1.45
8472－办公机器制品	中国	1.97
	匈牙利	14.89
	菲律宾	4.78
	泰国	1.05
8517－通信设备制造	中国	3.53
	越南	8.08
	爱沙尼亚	2.61
	斯洛伐克	2.21
	拉脱维亚	1.96
	捷克	1.21
8526－雷达无线电设备	中国	0.79
	匈牙利	2.92

续表

产　业	国家和地区	RCA 指数
8526 - 雷达无线电设备	菲律宾	2.43
	捷克	1.42
	马来西亚	1.36
	立陶宛	1.28
8531 - 电子显示设备	中国	1.47
	以色列	8.00
	菲律宾	2.04
	泰国	1.80
	罗马尼亚	1.75
	爱沙尼亚	1.67
8533 - 电阻器设备	中国	1.10
	保加利亚	8.91
	以色列	6.23
	克罗地亚	6.40
	斯洛文尼亚	2.16
	马来西亚	1.92

资料来源：联合国 Comtrade 数据库。

(4) 装备制造业

在“一带一路”沿线国家和地区中，我国在通用机械设备制造、铁路、机车、船舶制造业方面具有较强的比较优势（见表8）。中东欧国家和地区在这方面的实力也很强，例如，捷克和匈牙利在机器、机械等通用设备制造业方面，白俄罗斯、乌克兰等在铁路、电车制造业方面，均具有较强的比较优势。另外，东南亚的新加坡、菲律宾、越南、马来西亚等也具有一定的国际竞争力。在“一带一路”沿线国家和地区进行装备制造业的产业布局时，可以瞄准中亚、蒙俄、南亚以及中东和非洲地区的市场出口产品或投资建厂。对于航天器制造和车辆制造等我国不具备国际竞争力的行业来说，应该与俄罗斯、中东欧等优势国家和地区加强合作，加大技术引进和合作研发的投资力度。

表 8　　装备制造业 RCA 指数

产　业	国家和地区	RCA 指数
84 - 机器、机械器具等通用制造业	中国	1.30
	捷克	1.44
	匈牙利	1.38
	泰国	1.31
	新加坡	1.08
	菲律宾	1.02
90 - 仪器仪表等专业制造业	中国	0.85
	以色列	2.23
	新加坡	1.28
87 - 车辆及其零件附件	中国	0.33
	白俄罗斯	4.89
	斯洛伐克	2.97
	捷克	2.38
	匈牙利	1.85
	罗马尼亚	1.78
86 - 铁路、电车、机车及相关制造	中国	2.09
	白俄罗斯	3.42
	乌克兰	2.43
	克罗地亚	2.42
	斯洛伐克	2.39
	捷克	2.11
88 - 航空器、航天器及其零件	中国	0.10
	吉尔吉斯斯坦	5.42
	以色列	3.39
	约旦	2.16
	新加坡	1.13
	缅甸	1.07

续表

产　业	国家和地区	RCA 指数
89－船舶制造业	中国	1.24
	刚果	60.43
	黑山	4.57
	菲律宾	3.00
	斯里兰卡	2.93
	缅甸	2.39
85－电器机械和器材制造业	中国	1.87
	菲律宾	3.36
	越南	2.48
	新加坡	2.36
	马来西亚	2.24
	斯洛伐克	1.47

资料来源：联合国 Comtrade 数据库。

（5）其他杂项制造业

其他杂项制造主要包含日用杂品制造，如梳子、文具、旅行用品、烟斗、纽扣及其他生活用品，这是我国制造业门类中传统的优势产业，具有较强的比较优势和国际竞争力（见表9）。“一带一路”沿线国家和地区中其他具有一定比较优势的国家和地区有捷克、波兰和土耳其等，主要集中在中东欧。可以结合“一带一路”沿线不同国家和地区的市场需求开展贸易往来合作。

（二）基于中间品贸易额和产业分工合作关系的分析

随着国际分工的日趋深化，中间产品贸易规模实现了较大发展。初级产品、半成品、零部件贸易在贸易往来中占比越来越高，这也反映出国际产业链分工格局在持续不断动态地调整。从我国在制造业各个门类的显示性竞争优势指数来看，我国同“一带一路”沿线国家和

表9　　其他杂项制造业 RCA 指数

产　业	国家和地区	RCA 指数
96－其他制造业	中国	2.31
	埃及	3.34
	捷克	2.15
	波兰	1.99
	土耳其	1.86
	约旦	1.77

资料来源：联合国 Comtrade 数据库。

地区在一些产业存在竞争性关系，在一些产业存在互补性关系，需要针对竞争与互补不同的情况进行产业布局，这决定着我国与这些国家间的产业间和产业内贸易的发展方向。不过，在生产工序体系跨国别构建的新机制下，无论是产业间贸易，还是产业内贸易，均是以中间品贸易的形式体现。已有中间品贸易网络与各国间显性比较优势特征的契合度，是判断已有产业链分工体系的合理性及潜在产业链分工布局的重要尺度。所以，研究中国与“一带一路”沿线国家和地区的中间品贸易额比重是非常重要的。中间品贸易额占比体现的是沿线各国和地区参与我国产业链分工关系的紧密程度。占比越高，与我国的分工合作关系越密切，同时因其是市场自然选择的结果，所以也说明与相关国家合作的风险较小，收益实现度较高。本专题报告将指标中的中间品贸易额限定在制造业范围内，以用其测度“一带一路”沿线各国和地区对我国制造业产业链的重要程度，并结合显示性竞争优势指数，分析我国制造业产业链国际分工体系特征。

1. 计算公式与数据处理

中间品贸易额占比＝我国与“一带一路”沿线各国和地区中间品贸易额/我国与世界中间品贸易总额。对于中间品的选择，本专题报告根据联合国统计局制定、联合国统计委员会审议通过、联合国秘书处出版颁布的“按广泛经济类别分类”（Classification by Broad Economic Categories，BEC），其中代码为 111、121、21、22、31、32、42、53 的商品代表中间品，通过联合国 Comtrade 数据库查询我国与“一带一路”沿线国家和地区中间品贸易数据。

2. 计算结果与数据分析

表 10 中所列国家是我国与中间品贸易额占比超过 1% 或者接近 1% 的国家。这些国家与中国的贸易合作较为紧密，在我国的制造业产业链中处于重要地位，发挥重要作用。

表 10　　中国与部分国家中间品贸易额占比　　单位：%

国家/年份	2008	2009	2010	2011	2012	2013	2014	2015	2016	2017
印度	2.64	2.43	2.70	2.64	2.24	1.90	2.04	2.16	2.23	2.45
马来西亚	2.64	3.04	3.30	3.27	3.13	3.25	3.03	3.09	3.01	2.94
俄罗斯	2.23	2.02	1.99	2.47	2.62	2.29	2.36	1.92	2.01	2.21
泰国	1.71	1.79	1.89	1.92	1.93	1.87	1.89	2.09	2.28	2.12
越南	0.86	1.06	1.16	1.24	1.44	1.71	2.12	2.53	2.77	3.19
印度尼西亚	1.55	1.70	1.83	2.18	2.20	2.10	1.84	1.65	1.77	1.89
伊朗	1.59	1.38	1.39	1.77	1.39	1.39	1.64	1.12	1.11	1.15
菲律宾	1.44	1.03	1.04	0.99	1.04	1.05	1.24	1.28	1.36	1.35
沙特	2.39	2.14	2.15	2.63	2.84	2.57	2.33	1.73	1.47	1.61
新加坡	2.04	2.07	2.04	1.76	1.85	1.95	1.99	2.06	2.02	2.20
加拿大	1.23	1.24	1.20	1.32	1.35	1.30	1.19	1.50	1.18	1.19

资料来源：联合国 Comtrade 数据库。

从中间品贸易额占比情况来看，在“一带一路”沿线国家和地区中，东南亚是与中国进行中间品贸易额最密切的国家，另外，沙特、伊朗是西亚国家中与中国的中间品贸易占比高于 1% 的国家。印度和加拿大则是其他两个较为稳定的与我国持续进行中间品贸易的国家。

从趋势来看，中国与东南亚的越南、新加坡、马来西亚、泰国等国家的中间品贸易额保持着稳步增加的态势，其中越南的增加幅度最大。东南亚地区得益于“命运共同体”建设的提议，自 1991 年对话关系建立以来，我国通过主动融入东盟主导的框架，成功实现了良性互动和互利共赢。而沙特、伊朗等西亚国家的中间品贸易额占比则从 2008 年开始逐年下降，这说明地缘政治环境因素已影响了与这些地区的经贸合作。最后，我国与中东欧及非洲国家和地区的中间品贸易较少，这也是未来在“一带一路”制造业产业布局中重点关注的部分，进一步加强与中东欧各国和地区的中间品贸易合作，促进国际分工进一步深化和产业链效率、价值最大化。

通过各类中间品贸易额占比的详细情况，可以更准确地分析在不同行业中国与“一带一路”沿线国家和地区的合作情况。中间品分类编号 111 代表初级食品和饮料，121 代表加工食品和饮料。在编号 111 产品贸易额较多说明中国与该国家和地区的合作集中在食品饮料等消费品制造业产业链的前端，而在编号 121 产品贸易额占比高则说明合作集中在产业链后端。图 3 说明了中国与“一带一路”沿线国家和地区在初级食品饮料和加工食品饮料行业的贸易额占比。在食品及饮料加工业中，与中国贸易额占比较高的国家有马来西亚、印度尼西亚、菲律宾、新加坡、加拿大和阿联酋。除了与加拿大在初级品方面有一定的贸易交流之外，在食品及饮料加工业的贸易更多集中在加工品方面。这说明中国与“一带一路”沿线国家和地区在食品及饮料加工贸易中处于产业链的下游阶段。

中间品分类编号 21 代表初级的未分类工业产品，22 代表加工的未分类工业产品。在编号 21 产品的贸易额较多说明中国与该国家和地区的合作集中在未分类工业制造业产业链的前端，而在编号 22 产品贸

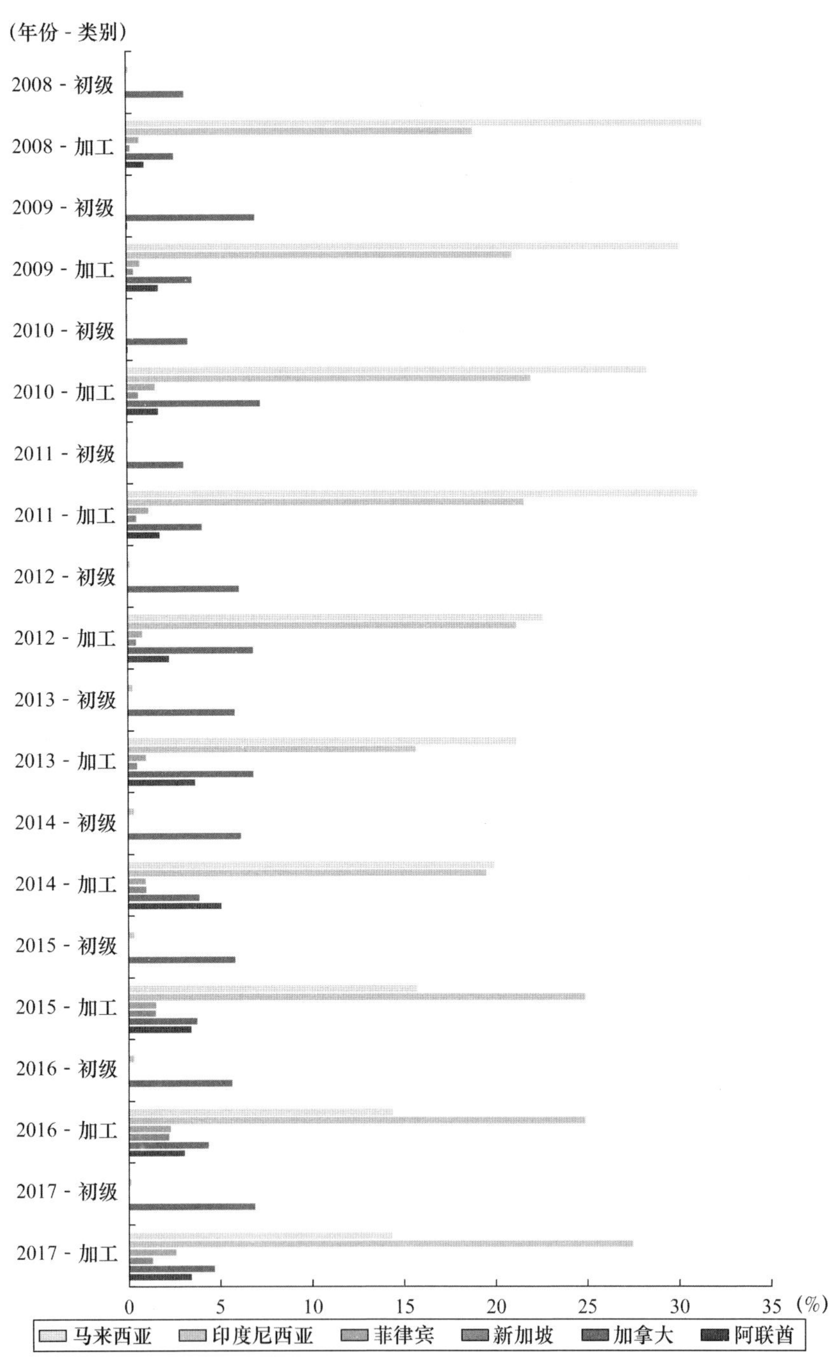

图 3　2008～2017 年食品及饮料行业贸易额占比

资料来源：联合国 Comtrade 数据库。

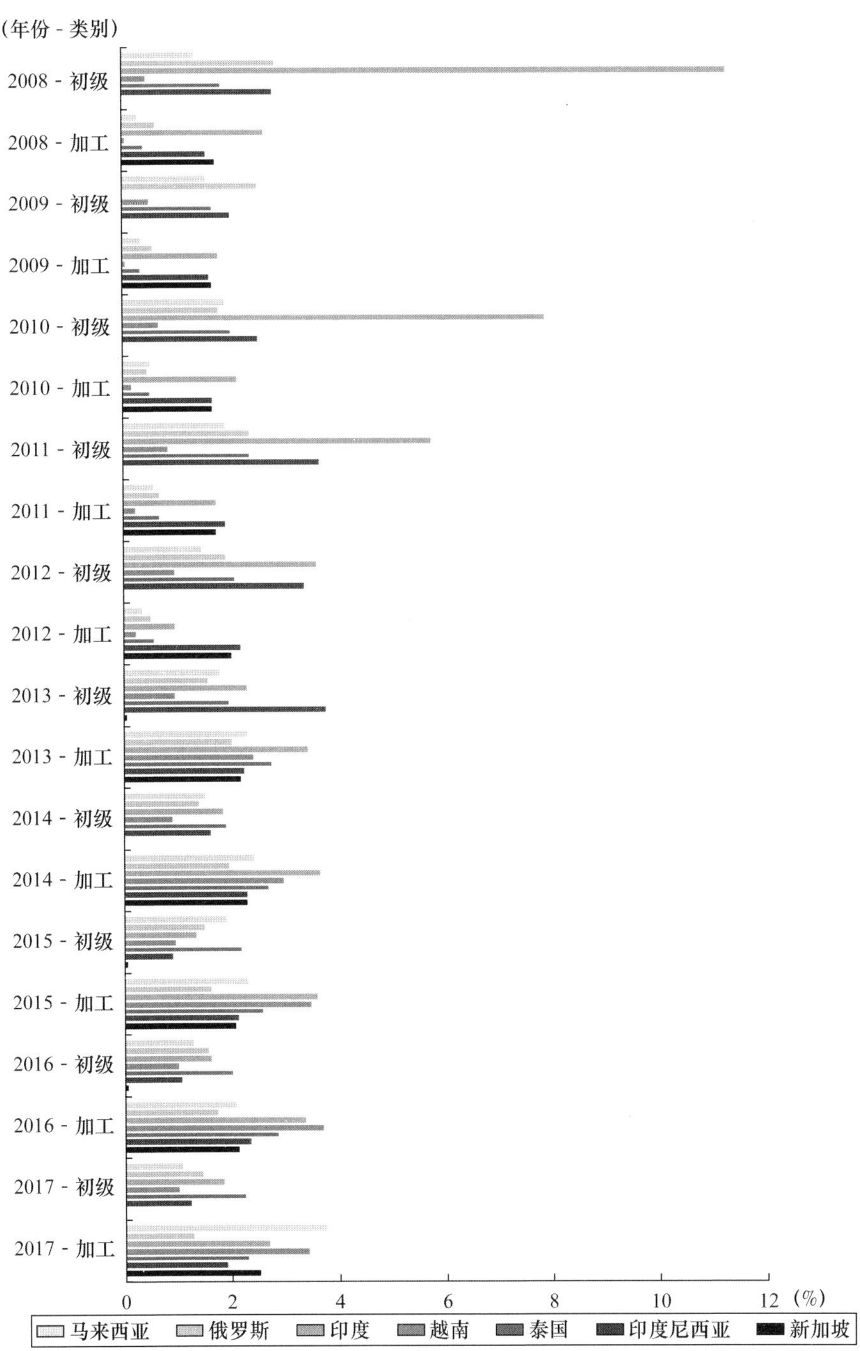

图4　2008～2017年未分类工业贸易额占比

资料来源：联合国Comtrade数据库。

易额占比高则说明合作集中在产业链后端。图 4 说明了中国与“一带一路”沿线国家和地区在未分类工业的贸易额占比。从未分类工业贸易额占比来看，与中国贸易额占比较高的国家有马来西亚、俄罗斯、印度、越南、泰国、印度尼西亚和新加坡。从加工品和原材料来看，2010 年以前，贸易合作集中在产业链前端，从 2010 年开始，加工品贸易额已经逐步超过初级品贸易额，说明在未分类工业方面的贸易已经从产业链的前端向后端靠拢。

中间品分类编号 31 代表初级的燃料等原材料制造业，32 代表加工的燃料等原材料制造业。在编号 31 产品贸易额较多说明中国与该国家和地区的合作集中在燃料等原材料制造业产业链的前端，而在编号 32 产品贸易额占比高则说明合作集中在产业链后端。图 5 说明了中国与“一带一路”沿线国家和地区在燃料等原材料制造业的贸易额占比。从燃料等原材料制造业贸易额占比来看，与中国贸易额占比较高的国家有马来西亚、俄罗斯、伊朗、沙特、新加坡、阿曼。在燃料及原材料加工业中，初级品和加工品的贸易额因国家而异。对于沙特、伊朗、阿曼等中东燃料原材料大国，中国与其贸易合作集中在初级品的进口，贸易集中在产业链前端；对于新加坡、马来西亚等东南亚国家而言，中国与其的贸易集中在燃料和原材料的加工方面，这也与当地低廉的劳动力成本有关；而中国与俄罗斯的贸易情况则比较均衡。

中间品分类编号 42 代表除去运输设备的资本货物及其零配件加工业，包括通用制造业、专用制造业等多种资本货物及其零配件。在编号 42 产品的贸易额较多说明中国与该国家的合作集中在整个工业的产业链后端，属于加工制造行业。图 6 说明了中国与“一带一路”沿线国家和地区在除去运输设备的资本货物及其零配件加工业的贸易额占比。从除去运输设备的资本货物及其零配件加工业贸易额占比来看，

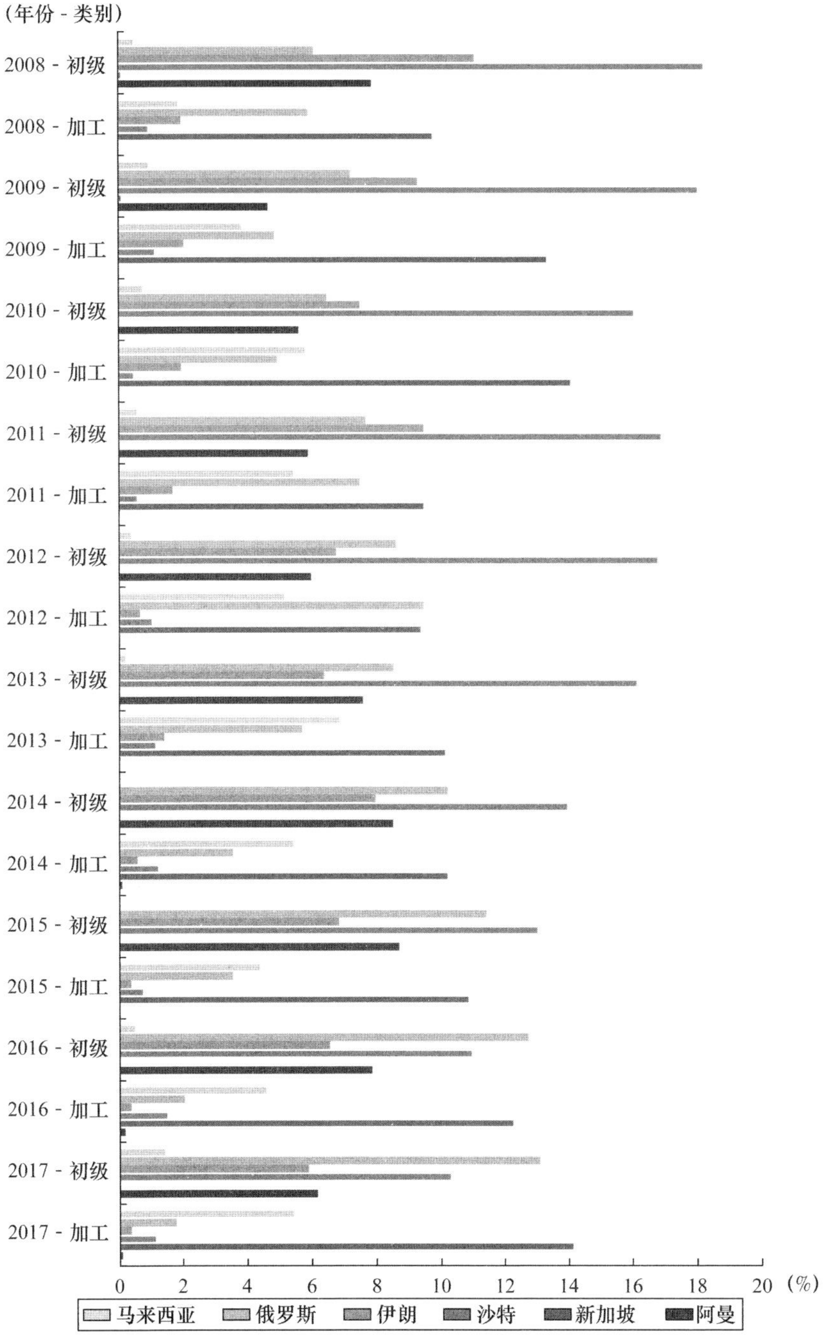

(年份 - 类别)
2008 - 初级
2008 - 加工
2009 - 初级
2009 - 加工
2010 - 初级
2010 - 加工
2011 - 初级
2011 - 加工
2012 - 初级
2012 - 加工
2013 - 初级
2013 - 加工
2014 - 初级
2014 - 加工
2015 - 初级
2015 - 加工
2016 - 初级
2016 - 加工
2017 - 初级
2017 - 加工
0 2 4 6 8 10 12 14 16 18 20 (%)
马来西亚 俄罗斯 伊朗 沙特 新加坡 阿曼

图 5　2008 ~ 2017 年燃料等原材料加工业贸易额占比

资料来源：联合国 Comtrade 数据库。

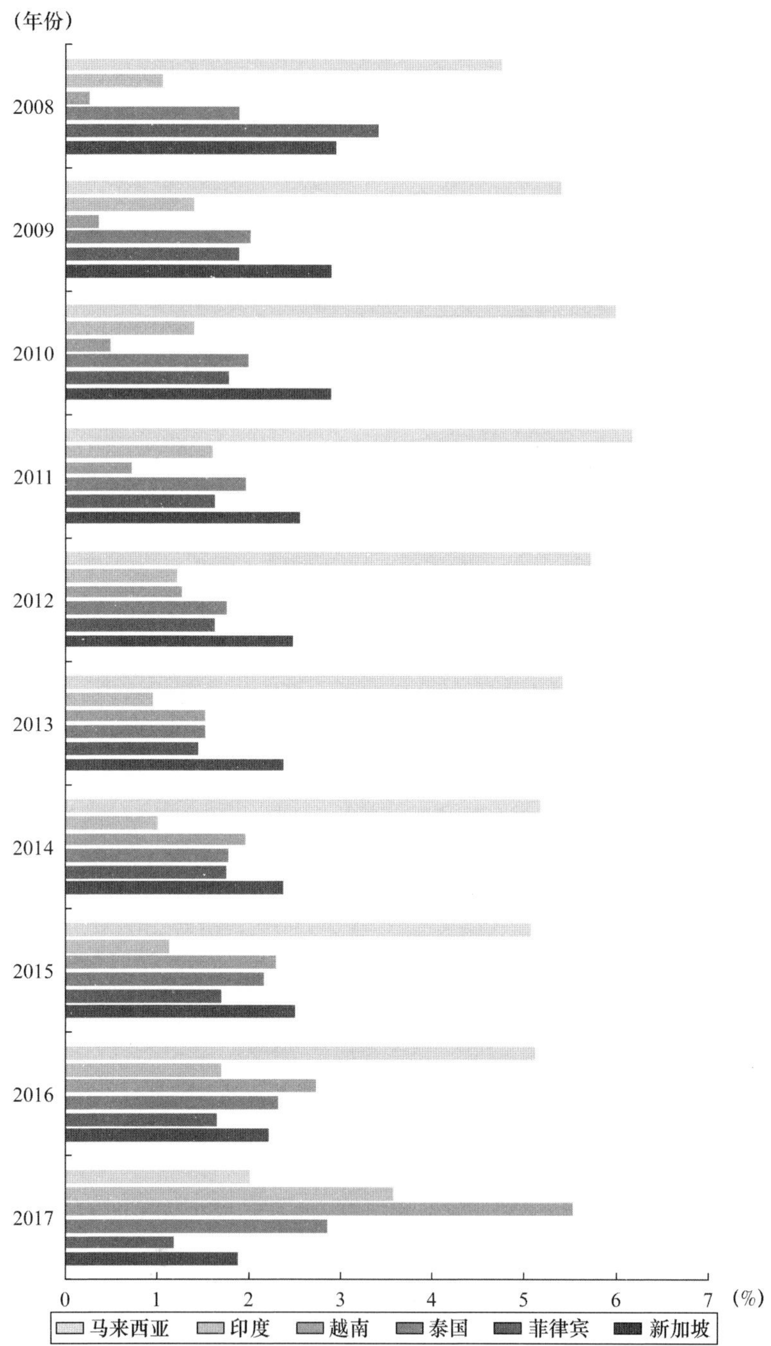

图 6　2008～2017 年资本货物及其零配件加工业贸易额占比

资料来源：联合国 Comtrade 数据库。

与中国贸易额占比较高的国家有马来西亚、印度、越南、泰国、菲律宾和新加坡。由于当地的劳动力成本低，市场交流型合作较多，所以资本货物及其零配件加工业的贸易也较为频繁。

中间品分类编号 53 代表运输设备及其零配件加工业，包括车辆、铁路、航天等多种资本货物及其零配件。在编号 53 产品贸易额较多说明中国与该国家和地区的合作集中在整个工业的产业链后端，属于加工制造行业。图 7 说明了中国与“一带一路”沿线国家和地区在运输设备及其零配件的贸易额占比。从运输设备及其零配件贸易额占比来看，与中国贸易额占比较高的国家有俄罗斯、马来西亚、印度、越南、泰国和印度尼西亚。俄罗斯是传统的运输设备强国，在航天器、车辆等行业都具备传统的优势，与东南亚等国的贸易合作更多的是基于低成本劳动力的产业链后端的合作方式。

四、“一带一路”制造业重点领域合作的思路与布局

总体思路：顺应后疫情时代新一轮全球产业分工调整和格局重构的趋势，以促进我国制造业高质量发展和全面提升国际竞合能力为核心，贯彻落实创新、协调、绿色、开放、共享的新发展理念，以满足企业资源对接、市场拓展、效率寻求与技术合作等根本动因为基础，按照“需求导向、优势互补、务实合作、互利共赢”的指导方针，将统筹国内外产业链布局与完善制造业创新链、优化供应链、提升产业链、升级价值链相结合。积极构建与周边及“一带一路”沿线国家和地区开放、安全、稳定、高效的产业合作网络，全面提升我国制造业价值链地位，拓展制造业开放合作发展新空间，为早日建成制造强国提供重要支撑。

重点领域产能合作思路与布局如下。

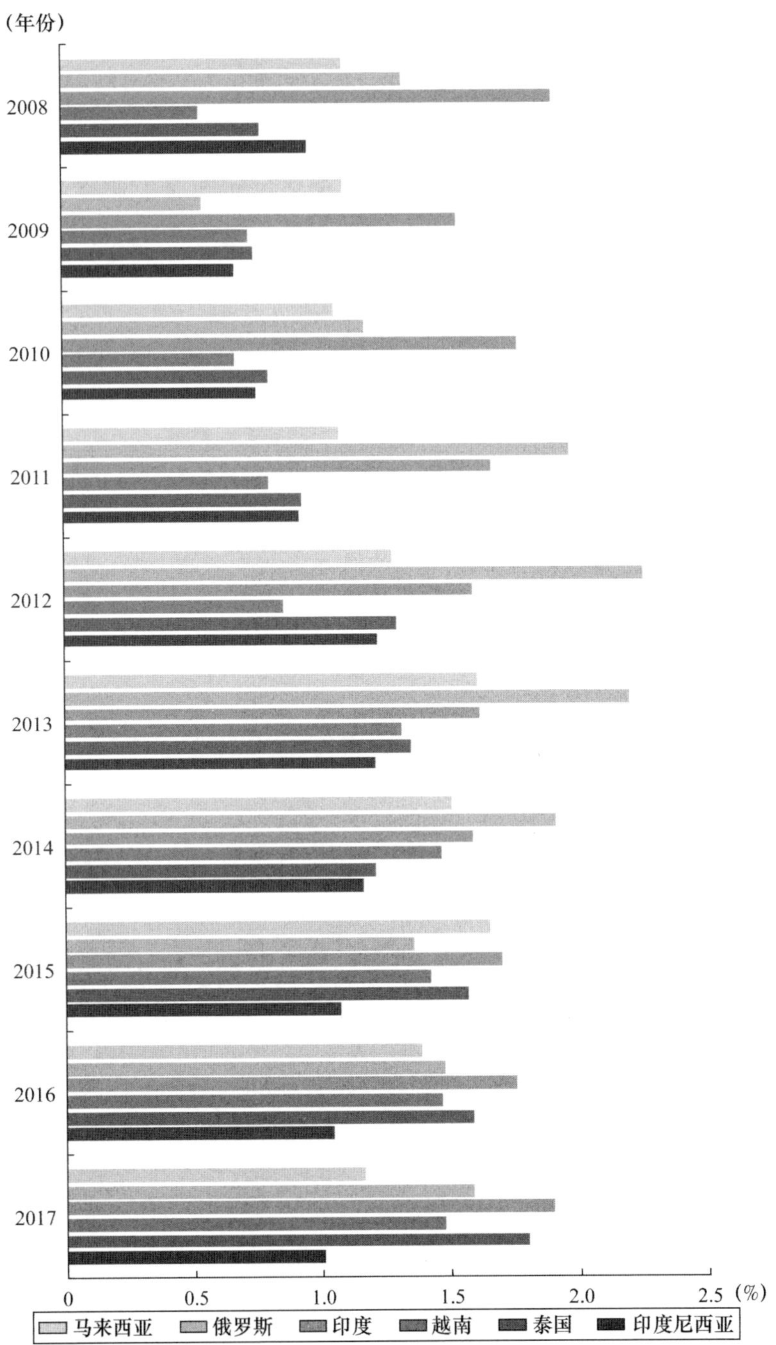

图 7　2008～2017 年运输设备及其零配件贸易额占比

资料来源：联合国 Comtrade 数据库。

（一）消费品制造业

按照需求导向、优势互补的原则，对于农副产品、食品制造等中国不具备比较优势的产业，发挥“一带一路”沿线国家和地区优势，重点加强进出口贸易与产业链下游的投资合作，重点为满足国内高质量产品需求提供支撑；具体而言，应进一步加强与新西兰在乳制品、动物及动物制品等方面的投资合作，通过在当地投资设厂、建立研发中心等实现当地资源与我国食品加工制造能力的结合，为满足国内高品质的需求提供支撑。加大与克罗地亚、塞尔维亚、爱沙尼亚、立陶宛等中东欧国家在农副产品、食品饮料加工业等领域的合作，利用当地原材料优势，发挥自身在加工方面的优势，实现互补的产业合作。

对于纺织轻工等我国曾经具备较强比较优势但劳动力成本优势削弱较快的产业，应在加速向价值链高端攀升的同时，深化与沿线具有成本竞争力国家和地区的产业链分工合作，重点解决人工成本上升和国际竞争力弱化问题。如在纺织和轻工制造业方面，充分结合东南亚、南亚国家原材料丰富和劳动力成本低廉的优势投资加工制造业，而自身定位在面料研发、设计、关键工艺流程、品牌和全球营销体系建设等方面；在橡胶制品方面，重点加强对泰国、斯里兰卡、印度尼西亚、马来西亚等国的投资；在生皮制品、纸制品和印刷品等方面，加强和黑山、塞尔维亚等中东欧国家的贸易投资。

对于医药制造业这类我国目前尚不具有优势的产业，要积极通过多种方式开展双向的贸易投资合作，重点解决高端药品研发和用药成本偏高的问题。支持企业加强与具有医药制造比较优势的国外企业、科研机构开展联合研发试验和双向的投资合作。

（二）原材料工业

按照保障资源、优化布局的原则，加强与“一带一路”资源优势地区的产业链前端合作，提高全球资源配置能力；加强与劳动力富余地区的产业链后端合作，促进我国原材料制造优势产能“走出去”。如加强与拉脱维亚、爱沙尼亚和新西兰、科威特、阿尔及利亚、沙特等在资源、原材料方面的贸易投资合作。在“一带一路”沿线市场需求大、资源条件好的发展中国家，合作进行资源开发与化工制造业投资，以满足当地市场需求为重点，开展下游产品的精深加工。结合“一带一路”沿线国家和地区基础设施建设需要，在生产能力不足的地区推出一批建材合作项目，服务当地基础设施建设。

（三）电子信息制造业

顺应新一代信息技术产业升级迭代和国际产业分工调整的趋势，以构筑安全可控、布局合理、优势互补的产业链、供应链体系为目标，重点实现产业链基础能力的突破、供应链保障能力的提升以及价值链位势的升级。加强与“一带一路”电子信息制造业优势国家和地区的技术合作，联合开展新技术新产品研制，探索面向第三方市场共同投资的合作模式。在“一带一路”对外投资合作过程中，注重依托我国在整机、终端和配套能力方面的优势，努力提升我国在电子信息关键元器件领域的配套能力，增强在产业链合作中的影响力。积极与“一带一路”贸易环境好、劳动力加工成本较低的东南亚等地区开展中间品出口合作，在当地投资设厂进行加工组装，联合拓展第三方出口市场。加强对南亚、非洲地区等新兴市场的出口与投资，促进当地产业成长的同时实现效益最大化。

（四）装备制造业

按照立足优势、对接需求，务实合作、互利共赢的方针，重点推动中高端装备“走出去”，拓展“一带一路”沿线国家和地区合作，促进优势装备出口和技术标准输出，提升中国装备品牌影响力。我国在工程机械、铁路、机车、船舶、电力装备等装备制造领域已经具有较强的优势，当前，“一带一路”沿线的中亚、东南亚、非洲等地很多国家都在加快推动路网等基础设施建设，致力于提高本地工业化水平，但同时面临制造能力的不足，我国可以通过境外投资、工程承包等多种方式，发挥在设计、施工、装备供应、运营维护的整体解决方案优势，开展装备制造业整体合作。对于捷克和匈牙利，以及俄罗斯、白俄罗斯、乌克兰等中东欧装备制造业具有比较优势的国家，应注重与其优质资源开展深度合作，通过联合建设研究院所、联合开展高端装备制造创新工程研发，以及联合共建培训机构等方式，推动中欧中高端装备产业合作创新，联合开展中亚、南亚、中东、非洲等第三方需求投资共建。对于菲律宾、越南、马来西亚等在装备制造业方面具有劳动力成本比较优势和较大市场需求的东南亚国家，可以产业链合作和规模化投资为主，同时体现不同国家产业结构的梯次性以及精准分工。

五、深化“一带一路”制造业产能合作的政策建议

（一）统筹“一带一路”基础设施投资与产能合作布局

高效便利的基础设施环境是国际产能合作的加速器和推进器。应加强顶层政策协调，以“一带一路”产能合作为统领，围绕产业链布局的重点区域、重点方向，进一步完善交通、电力、通信等基础设施投资布局。优化各地方“一带一路”产业基金的建设运营模式，主要用于建设国际合作产业园区，完善产业配套环境及公共服务平台建设等。

（二）以高水平开放政策协调带动高质量国际产能合作

充分利用自贸区协定优惠政策在加强“一带一路”产能合作和产业链布局中的作用。积极推动高水平多边或双边自由贸易区、贸易投资自由化协定的签订。加快推进“一带一路”区域合作相关机制和标准建设，帮助企业更好协调解决在“走出去”过程中涉及的引资优惠政策、本土化、技术门槛、争端协调机制等问题。联合有相关基础条件的国家，共同推动制造业重点领域国际技术标准合作，不断提升产业合作的水平。

（三）构建产业链合作体系提高产业配套能力

为有效克服目标国产业配套能力弱、难以形成协同效应的问题，需构建全产业链合作体系。一是重视“走出去”企业的产学研合作，在基础理论、研发和生产环节提高合作水平；二是鼓励上下游合作企业抱团“走出去”，提高在投资目的国当地的配套能力，有效降低成本，增强竞争力；三是支持国内大企业在东道国打造以其为龙头的产业链。

（四）优化“一带一路”投资管理和风险防控机制

简化审批手续，提高审批效率，探索全面实行对外投资备案制。建立健全企业对外直接投资专业服务体系，借助现有的平台和渠道，推动国内外信息和资源对接，更好地为产能合作服务。建立健全境外风险预警和信息服务机制，针对企业对外直接投资面临的部分国家政局不稳、安全风险较高等问题，引入全面、专业的风险评估服务机构，进行长期合作，为企业把好风险关，切实防范各类风险。

（五）健全和完善“一带一路”专业化社会化服务体系

充分发挥行业协会、商会等中介服务组织在政府和企业间的桥梁、纽带作用，以及平台化连接功能。支持境外中资企业（协）商会发展，帮助中资企业互学互鉴，更好融入当地发展。支持一批海外投资对接服务平台发展，定期开展一些投资促进活动。研究制定鼓励企业对外投资专业化中介服务机构发展的政策，支持境外投资法律服务、会计服务、管理咨询服务，完善支持企业对外直接投资的专业化服务体系。

（六）解决好“一带一路”产能合作中人才短缺问题

“一带一路”产能合作需要高水平的人才支撑，解决好这一问题需从两个方面着力。一方面，“一带一路”对外投资合作中，熟悉国际经贸规则、资本运营、国际法律、税务、管理的复合型人才极为短缺，需要多渠道增加人才供给，优化高校专业设置，加强对熟悉外语、国际经济、国际关系等复合型人才的培养；另一方面，需要培训和用好本地化人才。将产能合作与人才培养培训结合起来，引导国内外人才培训机构、职业教育机构共同参与“一带一路”建设发展。

执笔人：李　燕　周　毅　刘雨枫（北京交通大学）

专题报告四

完善国际物流体系　服务“一带一路”产能合作

国际产能合作是我国推进“一带一路”建设的重要抓手。近年来，“一带一路”交通设施联通取得了丰硕成果，以政策、规则、标准对接为重点的“软联通”合作也在不断深化。在中美贸易摩擦升级、全球新冠肺炎疫情暴发和贸易保护主义抬头的背景下，我国服务“一带一路”产能合作交通物流发展，应以服务实际产业合作需求为重点，从完善国际物流体系、增强全球供应链服务和创新能力出发，提高资源配置效率，保障产业链、供应链安全、稳定。

一、“一带一路”产能合作对交通物流发展提出的新要求

（一）“一带一路”物流大通道要“货畅其流”

全球市场和贸易格局深度调整，要求我国加快建立服务“一带一路”产能合作的国际贸易新通道。伴随着全球经济的增长，新兴市场和发展中国家的日益崛起，国际市场和贸易日益呈现“东升西降”“南升北降”的格局。2018 年，新兴市场和发展中国家对世界经济增长的贡献率达 80%，占全球经济的比重接近 40%，其中“金砖五国”

达到23%。目前，我国已经成为世界第二大经济体和第一大进出口国，2018 年货物贸易进出口总值为 30.51 万亿元，占全球贸易额比重达到 10% 左右。我国与各大洲之间的贸易结构和贸易格局正在发生变化（见图 1、图 2）。当前我国与“一带一路”沿线国家和地区贸易合

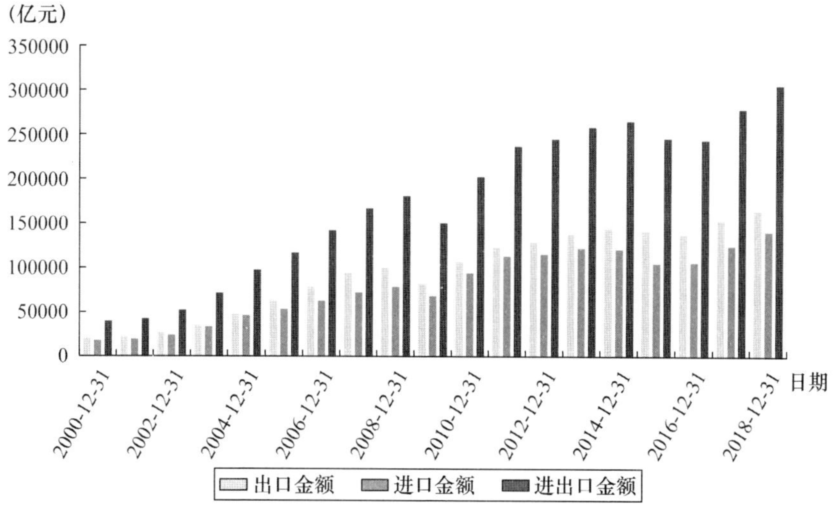

图 1　中国货物贸易进出口（2000 – 2018 年）

资料来源：国家统计局。

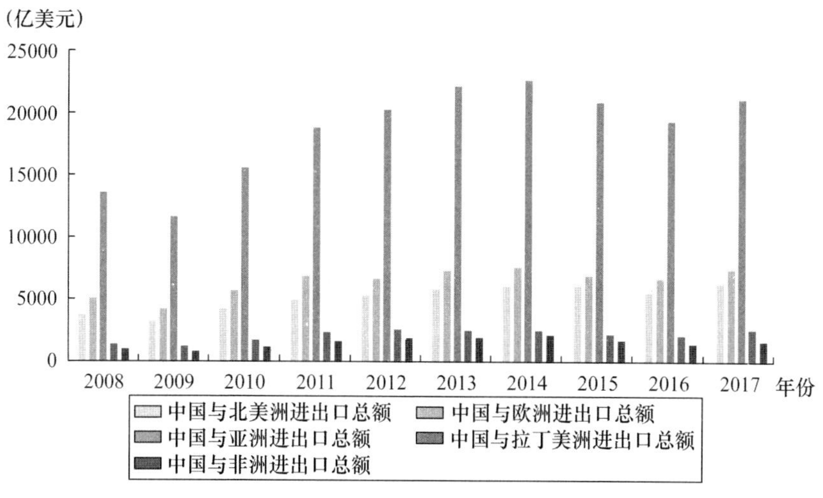

图 2　中国与主要国际区域进出口情况（2008 – 2017 年）

资料来源：国家统计局。

作不断深化（见图3），2014 年到2019 年贸易额累计超过44 万亿元[①]，年均增长达到6.1%，我国已经成为沿线25 个国家和地区最大的贸易伙伴。

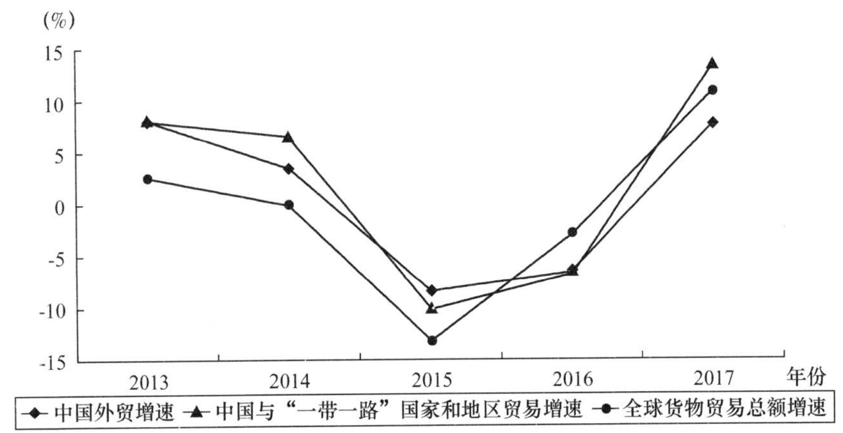

图3　中国外贸增速、中国与“一带一路”国家和地区贸易增速以及全球货物贸易总额增速

资料来源：海关总署、联合国贸易和发展会议数据库。

随着市场和贸易格局的变化，我国货物贸易国际通道格局也正从海运为干线运输通道，转变为陆路与海运并举的多式联运通道，传统的贸易运输通道也已转为依托产业格局发展的交通物流通道。服务“一带一路”产能合作，要求我国加快建立陆海内外联动的国际多式联运新通道加以适应，既要打通跨境通道，又要保障中西部内陆地区双向开放，实现从东部通道为主转向东、西、南向通道比翼共进。

（二）国际枢纽要“全球集聚效应更强”

枢纽是融入全球市场的“路由器”。从开放的角度来讲，枢纽是联通国内市场与“一带一路”市场乃至国际的通道，也是对外开放的主要门户。“一带一路”产能合作离不开商品资源和高端要素的聚集，

---

① 数据来源：海关总署。

国际枢纽可支撑所在地区创新创业和形成新的产业聚集，带动相关制造业、服务业发展，带来就业和创造新的价值，从而实现从传统产业向现代产业的转型升级，形成枢纽经济。国际枢纽不仅要求有多种要素的集聚，而且需要融合多种运输方式的立体化枢纽，形成国际国内的双向辐射。如孟菲斯地区，依托传统的河海联运和铁路，形成了以棉花等大宗农产品为主导的产业；随着联邦快递（FedEx）航空枢纽的建立，大量高技术、高附加值、高时效的产业不断进入，使孟菲斯成为全美乃至全球最重要的高新技术产业集聚区。在建设国际综合立体化枢纽门户的同时，还需要布局海外交通服务节点，促进枢纽与节点构成全球交通物流服务网络。

（三）国际运力要具备“国际竞争能力”

“一带一路”产能合作涉及的货物贸易主要通过海运等方式进行国际运输。但是目前我国对全球航空机队、远洋船队等重要物流运输工具和运力资源的实际控制力较弱，对高新技术产业、高附加价值产品及大宗商品的运力资源保障能力亟待增强。与发达国家相比，我国80%的国际航空货运量由国外航空货运公司或国际快递企业完成，航空货运对外依赖程度较高，国际运力资源保障明显不足。从远洋航运来看，我国对石油、铁矿石、有色金属、木材、大豆等大宗商品的进口量巨大，这要求远洋船舶等运力要具备国际竞争力。

（四）服务网络要提供“链接全球的国际供应链服务”

当前全球产业链正处于重构时期，对全球产业格局和分工格局产生重要影响。一方面，发达经济体在产业链高端领域的地位不断巩固和增强，一些国家还在积极吸引高端制造业回流国内；另一方面，东南亚、东亚、中东欧等部分发展中国家，逐步形成了中低端制造业集聚集群发展条件和能力。在此背景下，全球产业链和分工格局发生深刻调整，突出表现在资本和制造业产能逐步改变原有格局，向资源和要素成本更低的地区流动配置。这种状况既为我国制造业转型升级提供了契机，同时给我国制造业创新发展形成挑战和压力。

我国与“一带一路”沿线国家和地区贸易联系紧密，我国是绝大部分“一带一路”沿线国家和地区排名前五的商品贸易伙伴（见表1）。最终产品出口能力相对较强，与“一带一路”沿线国家和地区的货物贸易具有较强的互补性，具有进一步向价值链高端升级的巨大潜力，对供应链物流整合资源的能力提出更高要求，需要有快速切入并服务产业发展的全球性的交通物流服务网络。

表1　　与中国商品贸易额占比在该国排名前五的国家数量　　单位：个

排名	中间产品进口	中间产品出口	最终产品进口	最终产品出口
1	9	2	9	17
2	19	19	11	29
3	13	17	13	26
4	19	17	15	26
5	14	18	12	25
合计	74	73	60	123

资料来源：国家开发银行、联合国开发计划署、北京大学，*The Economic Development along the Belt and Road*（2017），纳入统计的国家绝大部分是“一带一路”沿线国家和地区。

（五）信息化与标准化要“与国际全面接轨”

发达国家物流信息化起步早、应用广、创新能力较强。在20世纪80年代，联邦快递（FedEx）、UPS、马士基等国际物流企业就开发出自动货物跟踪系统、数据交换系统。随着信息技术的不断创新与应用，先进物流企业信息系统在全球供应链和国际物流体系各环节中得到广泛应用。从最新情况看，2018 年马士基集团和 IBM 公司组建合资公司，通过区块链技术联合开发全球贸易数字化平台，试图搭建起一个国际海运信息通道，能够提供端到端的服务，实现供应链可视性，将所有接入和参与者的物流信息实时掌握。在“一带一路”产能合作的过程中，为了提高物流效率，实现通关便利化，需要交通物流信息的互联互通，打破信息孤岛，实现货物贸易的可跟踪。在“一带一路”沿线国家和地区，由于交通物流基础设施及技术存在不同标准的情况，影响了连通性及换轨、换车、换箱效率，严重降低了物流时效，迫切需要在产业合作的背景下，尽快形成“一带一路”沿线国家和地区广泛认可、与国际全面接轨的物流标准体系。

二、我国交通物流服务“一带一路”产能合作发展重点

（一）进一步完善“一带一路”通道布局

为进一步保障和服务“一带一路”产能合作，物流通道布局优化宜依托产能合作重点领域，加快构建“一带一路”立体通道网络体系，重点是：补齐航空货运短板，建设新型枢纽经济，支撑高端制造业和服务业发展；加快铁路和管道布局，服务能源通道建设和合作；注重铁路、海运、公路为主的多式联运体系和供应链服务网络建设，服务国际区域制造体系。

一是进一步完善“一带一路”基础设施互联互通建设规划，加大对沿线沿路国家和地区重要物流枢纽和关键节点设施建设的投入力度和运营合作力度，打造畅通便捷的物流设施网络和新型国际物流通道体系。对于高端制造业和电子消费品，优先解决供应链中断隐患，加快我国与主要高端制造业和电子消费品市场的航空货运通道布局。对

于大宗物资进出口贸易，完善我国到矿产资源丰富地区的洲际海运通道。对于制造业产能合作，推进陆海新通道跨境铁路建设和公路通道建设。研究西向、南向、北向更多通道建设。在强化国家综合运输通道基础上，重点完善国内通道与这些通道联通度高的中西部物流大通道并进一步加强与沿海重要港口的通道联系。

二是加强中欧班列沿线铁路主要站点及口岸设施建设投入和运营合作。借助丝路基金、亚洲基础设施投资银行等国际金融组织贷款和赠款，支持中欧班列沿线国家铁路、口岸等基础设施改造升级，鼓励铁路企业、国内基础设施运营企业及物流企业采取合资、入股、收购等多种方式参与班列境外铁路枢纽和场站的口岸设施、物流作业设施的建设与运营，推动中欧、中亚之间铁路运输能力和设施运营能力提升，为中欧班列境外稳定运行提供支持。

三是支持航空公司和快递企业加快境外合作。参照国际经验，鼓励和支持大型航空公司和快递企业与全球主要航空枢纽机场合作，参与专业货运机场及物流设施建设。鼓励中资海外航空货运资源共享，服务网络共建互补。

四是加大全球新兴港口投资建设支持力度和提升运营能力。根据全球产业链布局调整态势，进一步加大我国在发展中国家和新兴产业链承接地区的港口建设投入力度。在支持港口建设的同时，重点加强港口运营合作。

五是加强境内外枢纽之间的合作和联系，构建更为通畅的立体化国际物流通道。借鉴郑州和卢森堡的“双枢纽”模式，在中欧班列主要境内外开行枢纽站点之间、在国内外主要空港或货运机场之间、在国内主要港口与新兴港口之间，加大铁路班列、货运航班和国际航线班轮的开行力度，逐步转变点对点的分散开行模式，构建联通国内外市场的“海陆空”立体化运输通道体系，为中欧班列、空中丝绸之路及陆海新通道等新型物流大通道建设提供有力支撑。

（二）打造服务产业合作的枢纽经济

大力推动跨国跨区域经贸交流，依托通道加强与“一带一路”沿线国家和地区开展项目合作，推进枢纽经济建设，提升生产性服务业发展质量，为现代制造业提供全方位供应链服务。依托沿线传统和新兴的重点产业基础，集聚要素资源，推进产业协作配套和资源优势互补，推动产业与贸易、物流、信息、金融等领域融合发展。与特色产业结合，大力推进冷链物流发展。打造高品质陆港经济区，提升临港（空、海港）经济区发展水平，发挥对经济的带动作用。

同时，明确枢纽分工。面向各经济走廊开放发展，加强重点港口或港口群与“一带一路”沿线港口在相互通航、港口建设、港航信息、国际贸易等方面开展深度交流与合作。充分发挥广西北部湾港口群和粤港澳大湾区港口群、海南洋浦港的比较优势，加强与新加坡港等重要国际枢纽合作。提高对内陆港的建设水平，积极在通道枢纽城市布局内陆无水港，在西部进行黄金水道港口、内陆无水港多方式、多层次的港口网络布局，形成海向一体化和陆向一体化的双向发展。

（三）加强运输能力建设

逐步放开飞机采购审批和增强融资支持，鼓励大型航空公司和快递企业通过采购、收购兼并、租赁等途径，加快培育专业化、国际化货运机队，快速提升我国国际航空物流的运力资源水平。

以大型沿海港口自贸区或自贸港为登记注册的船籍港，加快我国国际船舶登记制度创新，放开对国际航行船舶登记主体、类型、船龄及检验等方面的限制，对回归登记的中资国际船舶按境外船舶实施监管，并给予免征进出口相关税收、简化和降低船舶吨税、简化登记收费项目和降低收费水平等政策支持。加快创新船舶金融政策，支持航运企业加快国际船舶更新和定制。

（四）围绕产业合作，支持我国物流企业“走出去”

一是支持和引导物流企业与制造业企业一同“走出去”，结合我国制造业产业链转移，鼓励制造业企业与其配套服务的物流企业共同拓展国际市场和实现“走出去”，避免制造业或物流企业孤立运营。在“一带一路”重点产能合作的国家或地区，注意围绕交通枢纽布局物流园区和培育物流产业集群，为我国制造业产业转移和提升产能合作水平，提供良好的物流服务基础。

二是培育国际化物流服务品牌。在继续加快大型物流国企混改的基础上，注重利用和引导国内外多元资本支持民营物流企业拓展国际市场，打造国际化的物流服务品牌，淡化中资或国资品牌宣传，为我国国际物流体系发展构筑专业化、国际化的品牌形象。

（五）加强国际物流体系的信息化、标准化建设

加快推进互联网、物联网、云计算、大数据、移动智能终端、区块链为代表的新一代信息技术在我国物流领域的商业化和市场化应用，使物流领域蕴含的海量信息、数据，转变成最重要的物流资源和要素，为我国国际物流体系发展和产业链升级注入新动能。以国际化信息化平台为支撑，加快创新探索国际物流新模式、新业态和新技术的应用，加快探索和创新物流领域区块链应用。

（六）强化国际通关合作

发挥国务院口岸工作部际联席会议制度的统筹协调作用，解决改革实施中跨部门重大问题，进一步健全跨区域、跨部门的通关协作和执法联动响应机制，营造更具有吸引力的国际化、法治化营商环境。完善检验检疫通关一体化工作机制和“三互”运作模式。扩大“出口直放、进口直通”模式覆盖面，提高口岸通关效率和物流效能。

执笔人：王　微　王　青　李汉卿

专题报告五

境外经贸合作区承载“一带一路”产能合作的现状、问题与对策建议

中国境外经贸合作区（以下简称“境外经贸合作区”）自20世纪90年代起步以来，经过20余年的发展，正成为中国国际产能合作的重要载体、中国政府引导企业开展对外投资的重要抓手和对外分享中国发展经验的重要平台。

本专题报告在简要分析境外经贸合作区概念、内涵和重要意义的基础上，对境外经贸合作区的发展现状进行了较为详细的梳理和分析，对境外经贸合作区当前存在的主要问题进行了探讨，并提出了相应的建议。

一、境外经贸合作区的概念、内涵和重要意义

（一）境外经贸合作区的概念

根据中国政府有关文件，境外经贸合作区是指在中华人民共和国境内（不含香港、澳门和台湾地区）注册并具有独立法人资格的中资企业，通过在境外设立的独立法人机构而投资建设的基础设施完备、

主导产业明确、公共服务功能健全、具有集聚和辐射效应的特殊经济园区。[①]

从本质上看，境外经贸合作区是建立在一个主权国家或地区内部、根据东道国政府和中国投资企业签署的协议，由中国企业投资建设的经济园区或开发区。其目的是吸引中国、东道国以及其他国家的企业到园区内投资建厂，进行生产和商务活动，以促进东道国贸易和投资的发展和入园企业的可持续经营。在园区地域范围内，不仅建有配套良好的基础设施，而且享受东道国一定程度的税收减免、土地、进出口以及其他政策优惠。

（二）境外经贸合作区的内涵

境外经贸合作区的内涵可以从以下几个方面来理解：

（1）境外经贸合作区有别于自由贸易区。根据世界贸易组织的有关解释，所谓“自由贸易区”，是指两个以上的主权国家或单独关税体通过签署协定，在世贸组织最惠国待遇基础上，相互进一步开放市场，分阶段取消绝大部分货物的关税和非关税壁垒，改善服务和投资的市场准入条件，从而形成的实现贸易和投资自由化的特定区域。而境外经贸合作区是指中国企业在某一国家或地区境内设立的享受优惠税收和特殊监管政策的小块特定区域。

（2）境外经贸合作区是中国实施“走出去”战略的重要举措。境外经贸合作区的主要目的之一是通过国家政策引导和扶持，在境外不同地区设立若干由中资企业控股的投资园区，吸引国内企业进入园区投资，从而为国内企业赴境外投资搭建平台，推动“走出去”的可持

① 商务部、财政部：《境外经济贸易合作区确认考核和年度考核管理办法》，2013 年 6 月 5 日。

续发展。

（3）境外经贸合作区对促进中国对外直接投资、国际产能合作和“一带一路”建设发挥着重要作用。因此，境外经贸合作区一度受到中国政府的鼓励和支持，而且有些园区是在双方领导人直接推动下建立起来的。

（4）境外经贸合作区是以国内开发区发展经验为基础建立起来的，但与国内开发区发展模式仍有本质区别。中国经济特区和开发区的成功经验受到国际社会普遍关注，许多发展中国家希望借鉴中国开发区发展经验，欢迎中国企业在其境内投资建设各类园区，以吸引中国企业的直接投资，促进本国经济发展。但实际上，由于东道国经济和社会环境的巨大差异，境外经贸合作区的投资和管理运营模式与中国国内政府主导的经济开发区管理模式相比存在很大不同，其投资、运营和管理均以企业为主体并以商业运营为基础。中国的境外经贸合作区建设虽然享受一定的东道国优惠政策，但本质上仍然是以互利共赢为基础的特殊的商业投资项目。

（5）境外经贸合作区只是一个总称，有多种类型，目前没有固定模式。按照所享受的国内鼓励政策的不同，中国境外经贸合作区基本上可以分为三类，一类是通过国家考核并获得国家资金奖励支持的“国家级”境外经贸合作区；一类是仅得到地方政府支持的“省市级”境外经贸合作区；一类是企业根据自身发展需要而投资建设的境外经贸合作区。按照投资企业的性质还可以划分为国有企业投资运营的境外经贸合作区和私营企业投资运营的境外经贸合作区。从实践上看，境外经贸合作区主要有工业园区、出口加工区、科技园区、境外资源开发合作园区和自由贸易园区等形式。

（三）中国境外经贸合作区发展的重要意义

境外经贸合作区符合中国企业寻求国际市场资源和开拓国际市场的需要，也是规避贸易壁垒、利用国内的优势产能从事出口平台性投资和缓解国内生产经营成本压力的客观选择。境外经贸合作区还可以综合制造、物流和国际贸易等完整的上下游产业链，有效带动中国企业对外直接投资。境外经贸合作当下的重要意义包括以下几方面。

一是有效推进“一带一路”建设，降低企业投资风险。境外经贸合作区作为“一带一路”建设中的“点”，可以促进中国与东道国之间的政策沟通和资金融通，促进双边的相互贸易，实现贸易畅通，支撑经济走廊建设，同时通过带动当地就业和实现本土化的经营管理来促进民心相通。境外经贸合作区的成功建设有助于有效推进“一带一路”倡议的实施。

同时，境外经贸合作区有利于降低中国中小企业的海外投资风险。中国的很多企业特别是中小企业，缺乏从事国际化生产和经营经验，也缺乏对东道国市场的充分了解，面临很多不确定性和风险。单个企业单独到国外投资风险很大，稍有不慎将危及企业生存。境外经贸合作区受到中国和东道国政府的支持，可以为企业提供一系列保障。例如，中国政府对境外经贸合作区投资出台了金融、保险、出入境等方面的配套政策。在资金上，曾给予部分境外经贸合作区财政与贷款支持，同时发挥援外资金的辅助作用。此外，还提供信息和指导等相关服务。东道国政府也根据特殊经济区的特点提供各类优惠政策。这在一定程度上弥补了境外经贸合作区内的投资企业国际化经验的不足，降低了企业海外投资风险。

二是有助于发挥产业集群优势，规避贸易摩擦和争端影响。由于境外经贸合作区的建设都有一定的产业重点，因此相同类型或者上下游相关企业可以以集群方式“走出去”，这有利于企业之间产生互补的协同效应，提高产业境外投资的集中度，减少无序投资和资源浪费。集群的形成大大降低了企业分散运营的风险和相应的成本。因此，建立境外经贸合作区可以帮助中资企业形成海外产业链优势，“抱团出海”，增加竞争优势，有效的开拓国外市场，而且集群企业形成一个整体，有利于向东道国争取更加优惠的政策。

同时，通过在东道国直接投资进行生产，改变了出口产品的原产地，境外经贸合作区有利于绕过贸易壁垒、规避贸易救济措施、减少贸易摩擦，顺应企业国际化经营的大趋势。

三是有助于中国发展经验的国际分享。中国经济改革和对外开放的成功经验之一就是通过建立各类特区、开发区和工业园区，以点带面推动经济高速增长。产业园区和开发区的建设和发展，是“中国模式”的重要特征，也是和“一带一路”国家和地区共享发展经验的重要名片。从国际经验来看，特殊经济园区一般都是由所在国的政府或企业开发建设，然后吸引外国企业进入园区进行生产和经营。而中国的境外经贸合作区则是由母国的企业开发建设并吸引母国的企业和投资，这应该是一种园区模式的创新。这种模式创新有助于中国发展经验的国际分享。

四是对于东道国的经济社会发展具有促进作用。对于东道国而言，中国建设的境外经贸合作区，不仅可以带动当地的就业和收入，而且可以促进东道国的工业化进程，增强其生产竞争能力，从根本上改善东道国的经济水平。境外经贸合作区要求入驻企业的投资项目和入驻企业类型符合东道国和地区的国情和资源条件，其产业分布兼具东道国和本国产业发展的特色。因此，中国企业在东道国合作区建设，带给东道国的不仅是资金、技术和项目，更能通过技术外溢等渠道带来一整套具有现代意识的开放观念、管理方法和发展模式。

总之，境外经贸合作区合作可以充分利用中国充裕的资金储备和优质产能，通过园区建设和生产，培育和创造新的市场需求，在帮助其他国家和地区实现经济增长的同时促进中国对外投资和贸易的发展，从而产生互利共赢的效果。

二、境外经贸合作区是国际产能合作的重要载体

境外经贸合作区为中国企业对外直接投资以及开展国际产能合作提供了重要平台。

首先，国际产能合作是两个国家或地区之间在生产领域的合作，涵盖了非常广泛的内容。一方面，国际产能合作是通过国际贸易、国际投资、国际开发合作等方式，将产业发展布局从一个国家或地区转移扩展至另一个国家和地区，是全球产业链、价值链与资本链的重构过程，可以实现生产要素在全球范围内的重新配置组合，满足国际产业分工与产业发展全球化的内在需求。[①] 另一方面，国际产能合作也是一种国家间产业互通有无、调剂余缺、优势互补的合作方式，其主要模式是将国际产业转移与对外直接投资相结合。[②] 此外，国际产能合作的概念不仅囊括了跨国投资、国际贸易、产业转移等内容，也涉及国际间的劳务合作、技术授权、资源开发等多种国际关系，具有高

① 刘勇、黄子恒、杜帅、吴斌、孙欣如：“国际产能合作：规律、趋势与政策”，《上海经济研究》2018 年第 2 期，第 100 ~ 107 页。

② 夏先良：“构筑‘一带一路’国际产能合作体制机制与政策体系”，《国际贸易》2015 年第 11 期，第 26 ~ 33 页。

度的复合性和复杂性。[①] 对于中国来说，国际产能合作是新时期中国对外经贸关系的重要存在形式，通过对外直接投资等方式将优质产能向国外转移，对于推动中国经济结构调整和产业转型升级具有重要意义。[②]

其次，境外经贸合作区作为国际产能合作的重要载体和平台，可以有效地整合中国的外资、外贸和外经资源，从而提高中国的对外经贸合作水平。中国传统的对外经贸合作方式主要有三种，即对外直接投资、对外贸易和对外工程承包。虽然从政策角度来看，彼此之间是相互独立的。在制定投资政策时并不关注贸易问题，而在制定贸易政策时也不关注对外援助和工程承包问题。但实际上这三者之间存在内在联系。比如投资和贸易之间既具有替代性，也具有互补性。而以援助为基础的工程承包则既可以带动贸易，也可以带动投资。以境外经贸合作区为基础的产能合作为三者的有机结合和相互促进提供了必要的条件。

再次，境外经贸合作区的产业定位可以以投资为基础的国际产能合作和国际产业转移为依据。国际产能合作和国际产业转移是以由国家间的比较优势、技术优势、区位优势和竞争优势所决定的。中国利用发达国家的产业转移实现了持续40年的经济增长，并成为国际制成品的生产和出口大国。但随着中国人均收入水平的不断提高和工资成本的上升，中国在劳动密集品和部分资本密集品生产上的比较优势逐步丧失，因此需要通过对外投资将这些产业向其他发展中国家转移。

---

① 乔晓楠、张晓宁：“国际产能合作、金融支持与共赢的经济逻辑”，《产业经济评论》2017年第2期，第39~54页。

② 张洪、梁松：“共生理论视角下国际产能合作的模式探析与机制构建——以中哈产能合作为例”，《宏观经济研究》2015年第12期，第121~128页。

因此，中国的国际产能合作是以国际分工为基础的国际产业转移过程。

最后，国际产能合作和国际产业转移可以有效增加境外经贸合作区的出口加工能力，促进东道国的对外贸易。根据国际直接投资理论，与贸易有关的直接投资有两类：一类是关税引致投资，即为了绕过关税壁垒而进入目标市场，在当地生产并在当地销售；一类是出口平台型投资，即为了利用当地廉价的劳动力和其他资源，进行加工生产，然后返销母国或者出口到第三国市场。前者会替代母国和东道国之间的贸易；后者则会带动双边贸易和东道国的出口。由于中国的产能合作，特别是与发展中国家之间的产能合作，在相当程度上是以出口平台型投资为基础的，因此其可以有效带动东道国的出口，并为境外经贸合作区的发展提供新的机遇。

三、中国境外经贸合作区的发展现状

中国境外经贸合作区发展迅速，除了向商务部申报的合作区之外，还有很多地方政府和企业自发投资的合作区项目并没有纳入统计。因此，目前对中国境外经贸合作区的数量、分布等信息还无法获得准确而充分的掌握。本专题报告综合中国官方和行业组织发布和研究的数据以及根据网络信息收集的数据，对中国境外经贸合作区的发展现状进行简要分析。

（一）中国境外经贸合作区的总体状况

据商务部数据统计，截至 2019 年 11 月，纳入商务部统计的境外经贸合作区累计投资超过 410 亿美元，入区企业近 5400 家，上缴东道国税费 43 亿美元，为当地创造就业岗位近 37 万个。其中，82 家合作区集中在“一带一路”沿线国家和地区累计投资340亿美元，上缴东道国税费30.66亿美元，创造就业32.2万个，占合作区整体的比重分别为73%和87%[①]。

根据中国国际贸易促进委员会和中国机电商会的统计和研究，截至2018年底，中国已经在47个国家建设了113个境外经贸合作区。根据我们收集的数据，截至2019年，中国在境外设立的经贸合作区的数量已达到200多家，其中177个境外经贸合作区可以获得相关最低限度的信息。需要指出的是，在这177个境外经贸合作区中，既包括少量已经通过商务部考核并且立项支持的园区，也包括大量没有经过考核的园区；既包括已经建成的园区，也包括正在建设和已经签署协议但并未开始投资建设的园区。虽然对境外经贸合作区的数量还是不确定的，但是仍然可以此为基础，对其地区和园区类型分布等主要特征做初步的分析。

（二）中国境外经贸合作区的世界分布特征

根据177个境外经贸合作区的地理坐标，中国境外经贸合作区的世界分布与中国的“一带一路”倡议基本一致。从陆上“丝绸之路经济带”来看，一条是从东北亚通过俄罗斯的远东连接到欧洲；一条是通过中亚连接到南亚、阿拉伯半岛和非洲。从“21世纪海上丝绸之路”来看，则是通过东南亚、南亚而延伸到非洲的东部。这既揭示了国家政策鼓励和支持的地区重点，也反映了企业以市场为基础的一种自主选择，同时充分体现了境外经贸合作在推进“一带一路”倡议中所发挥的重要作用。

中国的境外经贸合作区之所以呈现这种分布趋势，一方面是因为

① 公欣：“努力实现多方共赢 持续推动境外经贸合作区高质量发展—访商务部国际贸易经济合作研究院‘一带一路’经贸合作研究所所长祁欣”，《中国经济报道》，2020年3月6日。

“一带一路”的互联互通项目有助于推动沿线各国发展战略的对接与耦合，发掘区域内市场的潜力，促进投资和消费，创造需求和就业，增进沿线各国人民的人文交流与文明互鉴。因此，在“一带一路”沿线国家和地区建立境外经贸合作区是一件多方面获利的事情。另一方面，当今世界正发生复杂深刻的变化，国际金融危机深层次影响继续显现，世界经济缓慢复苏、发展分化，国际投资贸易格局和多边投资贸易规则酝酿深刻调整，各国面临的发展问题依然严峻。“一带一路”沿线国家和地区多为工业发展尚不完善、具备发展潜力的国家和地区，在当前经济形势下，沿线国家和地区有着加大对外联系，并与中国加强合作的意愿。对于中国企业而言，将境外经贸合作区安置在这些国家和地区有助于传统产业的国际转移，因此通过产能合作使双方各取所需，共同获利。

（三）中国境外经贸合作区的地区分布特征

从地区分布来看，中国境外经贸合作区主要集中在亚洲、欧洲和非洲三个地区（如图 1 所示）。从图中可以看到，位于亚洲的境外经贸合作区有 71 个，占总数的 40%，主要集中在中亚、东南亚及南亚地区；位于欧洲的有 59 个，占总数的 33%，其中俄罗斯占了 44 家；位于非洲的有 42 个，占总数的 24%，主要集中在北非和东非地区。此外，位于美洲的有 4 个，大洋洲的有 1 个。

从中可以看出，亚洲和非洲是中国境外经贸合作区的主要地区，占全部境外经贸合作区的 64%。欧洲虽然在总量上有 59 个，但考虑到俄罗斯境内的大部分合作园区都远离欧洲而位于亚洲，因此除去俄罗斯，位于欧洲国家的合作园区只有 15 个，包括匈牙利（4 个），德国（2 个），格鲁吉亚（2 个），波兰、法国、比利时、意大利、芬兰

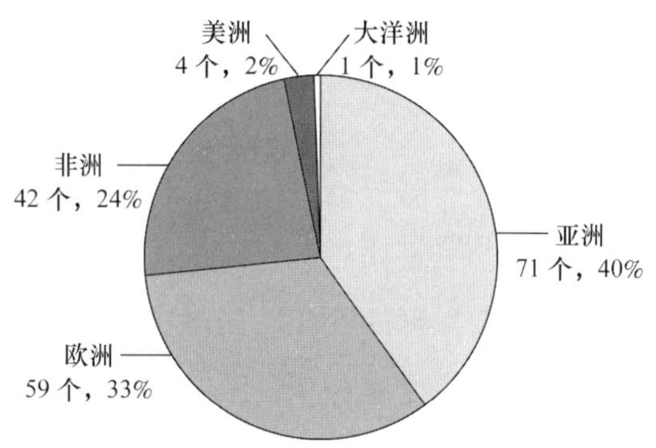

图 1　中国境外经贸合作区的地区分布

和白俄罗斯各 1 个。由于多数欧洲国家对“一带一路”倡议持消极或观望态度，以及中国境外经贸合作区发展模式所具有的独自特征与欧洲国家的制度环境存在着一定的差异，境外经贸合作区更多的是沿着海上丝绸之路分布，更受发展中国家的欢迎。因此，亚洲和非洲作为境外经贸合作区的重点地区有其客观必然性。

（四）中国境外经贸合作区的国别类型分布特征

按照东道国的发展类型可以将其分为发达国家、发展中国家和转型经济体。中国的境外经贸合作区大多分布在转型经济体和发展中国家，总共有 177 个，其中在转型经济体中的有 62 个，占比为 35%；在发展中国家中的有 104 个，占比为 59%。而在发达国家中的境外经贸合作区只有 11 个，所占比重为 6%（如图 2 所示）。这一国别类型分布清晰地反映出中国在境外经贸合作区的合作中所具有的南南合作特征。实际上，很多转型经济体与发展中国家具有某些共同的特征。他们与大多数发展中国家一样，拥有丰富的资源禀赋和比较廉价的劳动力，中国的企业在这些国家有一定的技术等方面的优势，并且与中国有着良好的关系。这就使得中国与这些国家开展园区合作具有了经济和社会基础。

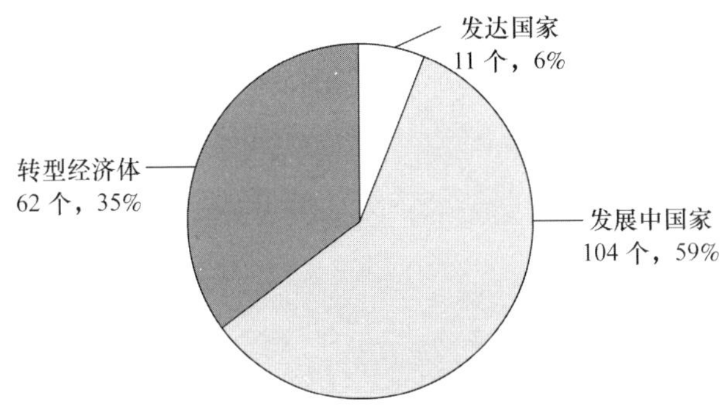

图2　中国境外经贸合作区的国别类型分布

（五）中国境外经贸合作区的国家分布特征

按境外经贸合作所在国家的分布来看，中国设立境外经贸合作园区数量最多的国家是俄罗斯，总共44个，这个数量远远大于任何其他国家，占了所有境外经贸合作园区的将近1/4。其次是位于东非的埃塞俄比亚、东南亚的柬埔寨和印度尼西亚，数量均为10个。在越南的合作区数量是6个，而位于哈萨克斯坦、老挝、尼日利亚和印度的合作区数量都是5个。以上9个国家的境外经贸合作区的总数是100个，占比为56%（如图3所示）。

从中可以发现，首先，中国在俄罗斯设立的境外经贸合作区的数量最多，而且分布非常广泛，从远东地区沿西伯利亚，直到俄罗斯的西部。在东部有阿拉布加哈尔滨工业园区和中俄（滨海边疆区）现代农业经济合作区，在西部有圣彼得堡波罗的海经济贸易合作区，从东至西横贯俄罗斯全境。而且在这44个经贸合作区中，农业和林业领域中的合作占据了较大的比重。中俄在境外经贸合作区上的密切合作，既以中俄在政治上的互信和全面战略协作伙伴关系为基础，同时也取决于两国在经济上具有很强的互补性。其次，在境外经贸合作区的合作上，中国在亚洲的主要伙伴国是印度尼西亚、柬埔寨和越南；在非

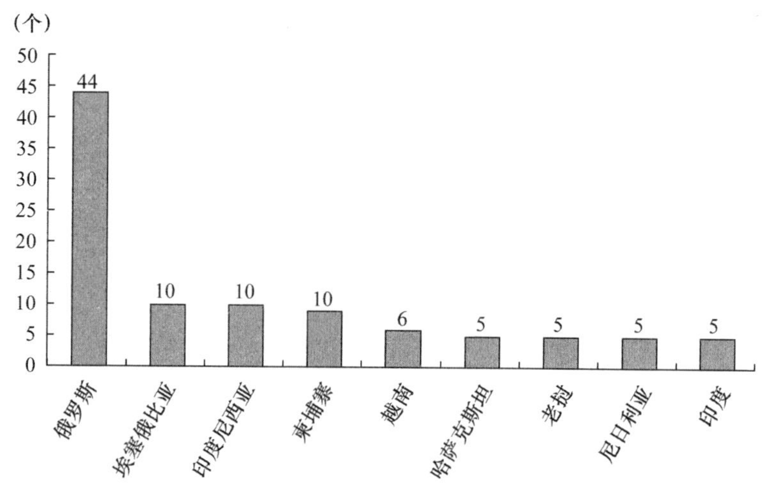

图 3　中国境外经贸合作区的国家分布

洲的主要伙伴国是埃塞俄比亚和尼日利亚。这些国家或者是经济发展相对比较快的国家，或者是与中国保持比较密切经贸联系的国家。

（六）中国境外经贸合作区的类型分布特征

1. 境外经贸合作区的类型

根据商务部的考核标准可以将境外经贸合作区分为综合产业园区、重工业园区、物流合作园区、轻工业园区、农业产业园区和高新技术园区六种类型。截至 2019 年，在中国 177 个境外经贸合作区中，六种类型的分布情况是：综合产业园区 52 个，占比 29.4%；农业产业园区 52 个，占比 29.4%；轻工业园区 30 个，占比 16.9%；重工业园区 19 个，占比 10.8%；高新技术园区 13 个，占比 7.3%；物流合作园区 11 个，占比 6.2%（如图 4 所示）。其中，农业产业园区和综合产业园区总共占比近 60%，高新技术园区占比较低，为 7.3%。总体来说，中国境外经贸合作区投资产业主要集中在农业、纺织服装和自然资源开发等行业。

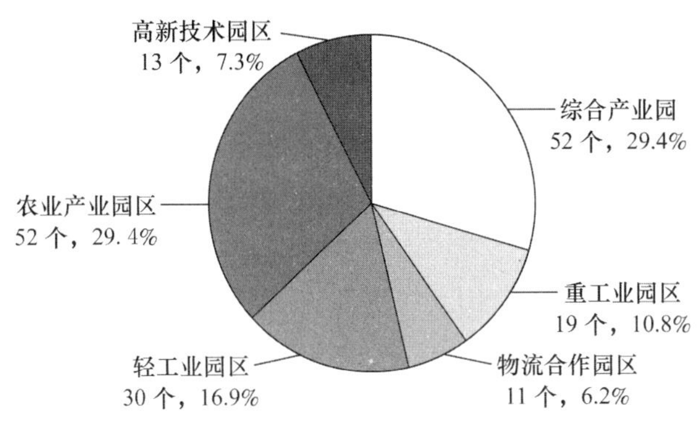

图 4　中国境外经贸合作区的类型分布

2. 境外经贸合作区的产业选择

加工制造型园区的主导产业多为家电、纺织、机械、电子等。该类型园区的入驻国家往往劳动成本较低，工业发展较为落后而面临转型的压力。中国产能转移到这些国家，一方面可以降低生产成本，重获国际竞争力；另一方面则使园区入驻的国家获得产业发展，从而促进当地就业、财政收入和贸易。例如柬埔寨西哈努克港经济特区就是以加工制造为主导产业的园区。柬埔寨国内劳动力资源充裕，劳动成本较低，而且也是世界上经济自由度最高的国家之一。同时，柬埔寨还可享受欧美等发达国家给予的特殊贸易优惠政策及额外的关税减免优惠。基于这些条件，柬埔寨西哈努克港经济特区适宜于发展为加工制造型园区。

农业开发型园区主要分布在俄罗斯以及柬埔寨、老挝、印度尼西亚等东南亚国家和塔吉克斯坦等中亚国家；该类型园区要求入驻国家气候环境适宜，土地要素充裕，地价相对便宜。该类园区成型后，往往具备完整而专业的生产与流通链条，集农业种植、畜禽养殖、饲料加工、屠宰加工、速冻食品、物流仓储、农机配件、农业自贸保税区和国际贸易为一体，有助于形成产业集聚效应。如中国印度尼西亚聚龙农业产业合作区，采取“一区多园”模式建设，包括印度尼西亚加里曼丹岛上的中加里曼丹园区、南加里曼丹园区、西加里曼丹园区、北加里曼丹园区，以及印度尼西亚苏门答腊岛楠榜省的楠榜港园区。其中，中加里曼丹园区、南加里曼丹园区、西加里曼丹园区以及北加里曼丹园区可辐射加里曼丹岛 10 个种植园，楠榜港园区可借助其地理交通优势作为棕榈油精深加工中心和国际物流中心。

资源利用型园区以矿产资源开发为主导产业，其主要以东道国丰富的资源为依托，进行资源开发产业投资。这类园区通过开发东道国丰富的自然资源和矿产资源，可以满足中国国内对能源和矿产的需求，并促进东道国的出口。如赞比亚中国经济贸易合作区。赞比亚的矿产资源异常丰富，其中铜的探明储量约占全世界的 6%，是世界第四大产铜国；钴的蕴藏量约 35 万吨，是世界第二大钴生产国。合作区包含谦比希园区和卢萨卡分区两个多功能经济区。谦比希园区位于赞比亚铜带省卡鲁鲁西市的谦比希地区，距首都卢萨卡约 360 千米，距采矿业和工业重镇基特韦市约 28 千米。园区的发展定位为：以有色金属工业为主，延伸有色金属加工产业链，适当发展配套产业和服务业，建设具有辐射和示范效应的有色金属工业为主的综合性园区。

商贸物流型园区主要提供商贸物流服务，多数具有商品展示、分拨、物流、仓储等功能。该类合作区应具备优越的地理位置与环境优势，不仅交通便利且信息较为通畅。这类具代表性的园区为匈牙利中欧商贸物流合作园区。匈牙利历来是商贸往来通道，有着良好的商贸氛围，海陆空运输较为便利。商品进入匈牙利后能够辐射整个欧盟地区，有利于园区内企业的发展，并带动国内企业拓展贸易发展空间。中欧商贸物流合作园区采取“一区多园、两地展销、双向代理、内外联动”的运营模式，商贸物流网络涵盖中东欧 27 个国家和地区。园区先后有 175 家商贸物流企业入驻，年贸易额达到 2. 96 亿美元，物流强度达到139万吨/平方千米/年。园区既包括商品展示、推广、批发、零售为主的商贸服务业态，也包括以货物仓储、运输、集散、流通加工为主的物流服务业态，形成了一个以集商贸和物流服务为一体的新型园区发展模式。

技术研发型园区主要建在发达国家，或是拥有技术优势的国家，企业旨在利用东道国比较先进的技术和管理，进行资本和技术密集型产业的投资。建立境外科技园区能帮助中国企业学习先进技术和经营管理，最大限度地利用东道国的科技人才，提高技术水平，扩大市场份额，获取更多的利益。技术研发型园区要求入驻企业掌握一定的核心技术或具备一定的经济实力，该类园区目前较少。

综合发展型园区是依托中国传统优势产业和地理位置优势而形成的多元化经济合作区。该类园区的产业大部分为电子、服装、机械制造等中国传统优势产业，这些产业大部分在中国国内市场已经饱和，生产技术、管理水平具有相对优势，但产品在国际市场易产生贸易摩擦，引起贸易纠纷。由于这些园区所在的东道国在国际贸易中享有优惠地位，而且贸易摩擦相对较少。因此，在这些国家建立园区能够有效规避贸易壁垒，减少贸易摩擦，从而发挥中国的传统制造产业的优势。这类园区通常集加工制造、农业开发、商贸物流等特征于一体，实行多元化发展战略。这对入驻国家的营商环境及对园区的建设标准要求较高。如万象赛色塔综合开发区。开发区总体功能定位为“一城四区”，即万象产业生态新城、国际产能合作承载区、中老合作开发示范区、万象新城核心区和谐人居环境的宜居区。凭借工业开发区与新城相结合的模式，实现产城融合，以城市为基础形成完备的基础设施，而城市的发展又提供了一定的产业空间。

无论是哪种类型的境外经贸合作区，其主导产业和区位选择都要紧密地结合。由于不同国家、不同区位的要素禀赋或产业优势不同，为了园区建立后的稳固发展，境外经贸合作区的建立要重点考虑园区主导产业能否在入驻国家有较好的发展。如资源利用型的境外经贸合作区，企业投资意在利用当地种植业、林业、畜牧养殖及经济作物等生态资源，因此该类合作区应开发适合当地环境的农业产业，如中俄托木斯克工贸合作区、俄罗斯龙跃林业经贸合作区、老挝云橡产业园等。商贸物流型的境外合作区，要求东道国市场辐射能力较强，可能为某类经济合作组织成员国，或地理位置优越，处于交通枢纽。技术研发型的境外合作区，对东道国的高新技术水平要求较高，例如中国—东盟北斗科技城，位于“一带一路”节点城市泰国曼谷，主要发展卫星制导、交通通信、物联网、大数据等北斗系统应用相关产业。而加工制造型的境外经贸合作区则需要东道国具备劳动力成本优势。

四、中国境外经贸合作区发展中存在的问题

中国境外经贸合作区经过20多年的快速发展，取得了显著的成效，但同时也存在诸多的问题和挑战。主要可以概括为以下几个方面。

（一）在政府层面存在的问题

境外经贸合作区是中国企业在境外投资建设的特殊经济园区，并得到中国政府的鼓励和支持，这也是促使境外经贸合作区快速发展的重要原因之一。然而，从中国境外经贸合作区的现实发展来看，还存在以下两个方面的问题。

首先，从中国政府的角度来看，虽然有关部门出台了境外经贸合作区建设的意见、确认和考核管理办法以及服务指南等文件，期望通

过申报考核制度与政府的鼓励措施将境外经贸合作的发展置于有效管理之下，但实际上，在积极推进境外经贸合作区的发展过程中仍然存在问题，需要加强顶层设计，在充分考虑国别、产业特点的基础上，结合境外经贸合作区建设的特殊性和需要具备的条件，做好规划布局引导。

其次，从东道国政府的角度来看，东道国政府与母国政府之间以及东道国政府与企业之间沟通协调机制往往不健全。在中国境外经贸合作区的发展过程中，有些园区的建设是以国家领导人的外交成果为基础的。在这种情况下，中国政府与东道国政府在境外经贸合作区的筹建初期往往发挥极大的推动作用，表示出积极的合作愿望。双方政府虽然就开展园区合作达成共识，但往往并没有签署专门的合作协议，就与园区建设有关的各种具体政策措施做出商定。因此，在后续的园区建设和管理过程中主要依靠园区投资企业与东道国政府进行协商，中国政府可以发挥的作用十分有限。因此在遇到重大问题时，由于园区投资企业与东道国政府所处的不对等的关系，谈判往往面临较多困难，从而使很多特殊经济区的优惠政策得不到保证。对于企业自主投资建设的境外经贸合作区来说，企业与东道国政府之间的沟通协商也存在诸多的困难。

（二）境外经贸合作的区位选择上存在的问题

从前述的分布特征来看，中国境外经贸合作区的区位选择多集中在欠发达地区和邻国，而经济发展水平较高的西方国家分布较少，而且从国别来看，合作区的区位选择存在扎堆的现象。比如在亚洲，中国在越南和柬埔寨都建立了多个合作区，这些国家的地理位置相近，而且经济发展水平和区位优势也相似，合作区内的产业也多有重复，容易造成合作区之间的互相竞争。另外，一些发展中国家的政治不稳定，政策波动性较大，东道国给予的优惠政策存在一定的变数，从而增加了中国企业投资的风险。比如中埃泰达苏伊士经贸合作区，由于埃及经历两次政权更替，导致开发企业与前政府谈妥的政策不得不重新谈判。

实际上，中国在境外经贸合作区的区位选择上并不是完全出于经济上合理性的考虑，这是导致某些境外经贸合作区没有取得预期效果的重要原因。因此，除了极特殊的情况之外，在境外经贸合作区的实践中，必须考虑经济上的合理性和可行性。因为只有经济上的合理性，境外经贸合作区才能取得成功；而只有境外经贸合作区的成功，才能有助于国家战略目标的实现。因此，应当对决定境外经贸合作区的各种因素进行深入的研究，确定重点地区和国家，从而正确引导园区开发企业的境外投资。

（三）在园区开发和运营管理上存在的问题

除了上述宏观问题之外，中国境外经贸合作区发展中存在的问题主要体现在园区的开发和运营管理的微观层面。

1. 境外经贸合作区的开发模式有待进一步探索

中国大多数园区开发企业没有从事境外经贸合作区的开发经验，在园区的规划、建设和运营中往往沿用国内的开发区模式，而没有充分的考虑东道国的实际。在很多国家，政府的作用实际上是有限的，政府可以提供的土地、税收和贸易等优惠政策与国内的经济开发区相比也存在很大的差异。特别是，在中国的开发区实践中，政府在招商引资中发挥着主导作用；而境外经贸合作区的招商引资则主要是由园区的开发企业承担的。在不能获得东道国政府足够的政策优惠保障的条件下，企业的招商引资面临较大困难。在这种情况下，中国境外经贸合作区的建设不得不借助国内各级政府的支持，从而占据了过多的行政资源，有些甚至成为政府的包袱。

2. 园区开发建设中缺乏科学的规划和定位

中国境外经贸合作区缺乏科学的规划和整体考虑，存在一定的盲目性。虽然中国的境外经贸合作区在开发过程中都制定了相应的规划，但是由于开发企业缺乏对国际市场环境和东道国实际的深入研究和了解，有些规划往往脱离实际。这主要表现在两个方面：一是规划中的产业定位不明确或者不符合市场需要；二是产业定位过高，使园区的功能超出了东道国的实际需求。这两种情况都会导致招商引资的困难，从而使合作区运营陷入困境。

3. 境外经贸合作区所遭遇的“孤岛效应”

中国的大多境外经贸合作区都位于发展中国家，虽然这些国家具有吸引企业投资的区位优势，但其基础设施不完善，工业化基础薄弱，能源供给不足，这不仅增加额外的投资，还使园区在生产、运输和信息获取以及产业配套等方面面临困难。特别是有些合作区的所在地远离城市和经济核心区，难以与东道国的经济相融合，从而形成了一个“孤岛”。这种独立于东道国经济的“孤岛效应”是境外经贸合作区发展中应当尽力避免的问题。一般来说，园区的发展必须具备“集聚”和“扩散”这两种功能，才能获得顺利的发展。而无论是“集聚”功能还是“扩散”功能的发挥，都需要与当地经济尽可能紧密融合。

4. 境外经贸合作区开发企业所面临的融资困难

企业融资难所带来的资金压力也是中国境外经贸合作区建设过程中面临的一个重要挑战。合作区从园区规划、土地开发、设施建设到招商引资和运营，要经历很长的时间，因此需要大量的前期资金投入。

虽然一些通过审核的开发企业会得到政府的财政和贷款支持，但是由于合作区建设的周期长、资金投入大以及收益回收慢等问题，使得政府的资金支持无法满足合作区的中长期发展需求。加之境外融资渠道和融资工具有限，使融资难成为制约境外经贸合作区发展的重要瓶颈。

5. 境外经贸合作区建设中存在的外汇管制和汇率风险

中国境外经贸合作区的某些开发企业在克服上述各种困难并获取一定的投资回报和收益之后，容易遇到的另一个问题就是东道国政府的外汇管制和市场汇率风险。一方面，在很多发展中国家都存在外汇管制政策，无论是园区的开发企业还是园区内的投资企业都不能自由地将所获得的投资收益汇回母国，而只能以存款的形式滞留东道国或者在东道国进行再投资。另一方面，很多发展中国家的汇率波动较大，东道国发生的汇率贬值将使企业遭受直接的损失。比如，中非泰达在埃及苏伊士经贸合作区的投资收益就曾面临埃镑贬值的损失。

（四）境外经贸合作区建设中面临的其他问题

除了上面提及的问题外，中国在境外经贸合作区建设中还面临着其他问题，比如：国际和国内的舆论压力；缺乏具有境外经贸合作区开发、运营和管理经验的人才等。

国内舆论的压力。由于境外经贸合作区是多以投资为基础的，园区开发企业都投入了大量的资金用于合作区建设，同时带动部分产业向国外转移。这会使国内产生一种观点，中国应当将更多的资金用于西部地区的经济发展而不是到境外进行开发区建设；应当将更多的产业转移到西部地区而不是转移到国外。

同时，境外经贸合作区的开发、运营和管理需要专门的人才，这些人才不仅要有开发区的管理和运营经验，还需要有从事国际化投资和管理的专门知识，应该熟悉东道国的政治、经济、法律和文化，以及较强的谈判和沟通能力。对于很多境外经贸合作区的开发企业来说，这方面的专业人才比较缺乏。

五、对中国境外经贸合作区进一步发展的政策建议

综上所述，中国境外经贸合作区的实践经历了快速的发展，在取得一定成绩的同时也暴露出了一系列的问题，需要在总结经验教训的基础上加以解决。我们认为中国境外经贸合作区未来的发展应强调提质增效，即提高合作区的质量，增加投资的效益，使其走向可持续发展轨道。为此目的，应当在境外经贸合作区的建设中处理好政府与企业的关系，探索可持续的发展模式，并以产能合作为基础整合中国的外资、外贸和外经资源，充分发挥境外经贸合作区的作用。

（一）正确发挥政府在境外经贸合作区发展中顶层设计和引导作用

中国在境外经贸合作区的建设中坚持以企业主导的市场化运作原则，政府充当的是引导的作用。但是政府的政策支持和推动实际上成了境外经贸合作区发展的主要动力。因此，要实现境外经贸合作区的可持续发展，必须进一步处理好政府和企业的关系，特别是明确政府的作用。

首先，要充分发挥政府的顶层设计作用，实现空间上的合理布局和产业发展重点。境外经贸合作区在中国推进“一带一路”倡议、促进对外直接投资和产能合作、加强南南合作和中非经贸关系中都发挥着重要作用，因此需要进行认真的、整体的规划。要根据不同的政策

需要和区位优势，选择境外经贸合作区的重点国家和重点产业，从而引导企业的投资。

其次，要加强政府间的政策协调和沟通，为境外经贸合作区的发展提供必要的政策环境。境外经贸合作区本质上是特殊经济园区，因此无论是援助性质的还是互利性质的园区，都需要东道国政府根据国际经验提供各种必要的优惠政策，并保证政策的连续性和稳定性。这就需要中国政府与东道国政府通过政府间的备忘录或者协议加以明确。

最后，应当利用政府资源对境外经贸合作区的发展提供必要的帮助和支持。设立境外经贸合作区属于较高层次的经贸合作，而企业自身的力量往往有限，有些问题难以独自解决，因此母国政府应在适当的时候给予企业帮助，帮助企业渡过难关。一方面，母国政府和驻外机构应当通过各种外交途径与东道国建立良好的沟通、协调机制，积极参与各层次的政策对话，从而为合作区争取到丰富的资源和更优惠的政策，明确合作区在东道国的法律地位及保障合作区的投资权益。尤其是为境外经贸合作区争取到贸易与投资方面的优惠政策，使入园企业通关或投资上较为便利。如泰国政府给予了泰中罗勇工业园自由投资管理体制，给予入园企业“无使用当地原材料的要求”“无出口要求”的政策，吸引了更多企业入驻园区。另一方面，母国政府自身可为境外经贸合作区提供帮助，包括为企业提供东道国的投资环境信息，并在企业的投资决策中给予引导和建议，提醒合作区注意规避投资风险等。一旦企业的合法权益在境外受到侵害，政府应该发挥作用，有效保护国内企业的海外利益和资产，提高现有合作区经济循环质量和速度。

（二）充分发挥企业在境外经贸合作区建设中的主导作用

中国在境外经贸合作区的开发中实行的是“政府搭台，企业唱戏”的做法。以上我们阐述了“政府搭台”的一面，实际上强调了政府应当只搭台不唱戏，在此我们阐述“企业唱戏”的一面。企业如何唱好戏，在境外经贸合作区实践中发挥主导作用是需要认真探讨的问题。我们认为应当解决好两个层面的问题。

一是合理借鉴中国开发区的经验。中国的发展经验或者发展模式受到国际社会的广泛关注。发展中国家普遍希望能够分享中国的经验。其中经贸园区的开发模式受到很多发展中国家的关注，并希望借鉴这些经验。然而，正是因为境外经贸合作区的发展是以国内开发区经验为基础的，因此需要根据国际环境做出必要的调整，探索新的园区开发模式。

中国的经济技术开发区模式实际上是中国发展模式的集中体现，其基本特征可以概括为以下几个方面：一是政府的主导作用；二是优质而充裕的劳动力资源；三是巨大的国内市场；四是成功的开发与管理模式。在中国，经济技术开发区、高新科技园区、保税区和自由贸易园区都是在政府主导下设立的，实行土地、税收、信贷等各方面的优惠政策，并通过设立政府投资平台由国有企业进行开发和投资。优惠的招商政策和廉价而优质的劳动力资源，以及巨大的国内市场吸引了大量的国际和国内企业的投资，从而促进了园区的快速发展。但是，这些因素在境外经贸合作区的发展中并不总是具备的。比如在很多国家政府并不能发挥主导作用；各种优惠措施并不能得到保证；当地市场容量有限而且劳动力缺乏训练，等等。因此，中国的开发区经验并不能简单地复制到境外，而是要结合所在国的具体情况和条件灵活的应用。

另外，中国的境外经贸合作区兼具经贸平台、外交纽带和商业项目等功能，这就对海外园区的发展提出了独特的挑战。由于中国国内的开发区实际上是由政府主导的，因此园区开发者是政府成立的国有企业，其主要关注的是对本地经济发展的带动作用。从这个角度来看，境外经贸合作区也无法照搬国内的开发模式。因为园区开发企业与所在国的政府分属不同主体，双方的利益考虑有较大的差异。境外经贸合作区需要在其公共政策属性与商业属性中间寻找平衡，而不能忽略其商业的可持续性。

虽然中国发展模式和开发区经验受到其他发展中国家的关注，但是世界上没有最好的模式而只有最适合的模式。因此，应当清醒地意识到，中国经验的分享可以提升中国的国际影响力，但必须结合发展中国家的实际情况进行灵活运用，体现出各个国家的特色。实际上，坚持“本国特色”才是中国发展模式最成功的经验。从这个角度来说，境外经贸合作区的建设开启了中国发展经验的国际化进程。

二是探索可持续的境外经贸合作区的开发模式。在政府引导、企业主导的原则下，境外经贸合作区的开发在本质上是一种商业运营模式，开发企业必须获得盈利才具备可持续发展的能力。因此，如何在中国开发区经验的基础上，根据国际化经营的规律和东道国的实际，探索可持续的境外经贸合作区的开发模式，就成为一个亟待解决的问题。

首先，对开发区经验进行模式创新非常重要。与国内相比，境外经贸合作区的国际化运营涉及的专业领域较多，不确定因素也较多，特别是母国与东道国的法律环境、政策背景都有很大的不同，国内的开发区经验往往在境外经贸合作区中并不完全适用。此外，境外经贸合作区的运营还会面临文化冲突、本土化、汇率、跨国经营管控等复杂的局面。这些都需要根据实际需要及时调整境外经贸合作区的开发和发展模式，进行模式创新。

其次，根据有关研究，境外经贸合作区的开发模式按照开发程度可以分为三类：一是通过园区开发、建设、招商和运营管理获利；二是提供综合性的商贸和现代生活服务，打造产业城区，通过整合土地资源增值获利；三是构建新型组织结构，推广品牌与知识管理，输出园区开发模式。目前大部分的海外园区只落实了第一种模式，个别园区开发商在进行第二种和第三种商业模式的初步探索。① 比较成功的模式是“园中园模式”，这样的模式初始投资小、见效快，当然前提条件是当地要有较成熟的大型园区，如泰中罗勇工业园（见案例）。需要指出的是，境外经贸合作区的开发模式并不是只有一种。由于境外经贸合作区的类型不同，有的是以制造业为主的，有的是以商贸物流为主的；有的是政策型的，有的是企业自主开发的。此外，东道国的区位优势、政策环境、基础设施状况和劳动等资源也都存在显著的差异。因此，境外经贸合作区在开发模式上的创新就是要在园区建设的规划、融资、投资、招商、运营和利润获取的各个阶段充分考虑东道国的具体情况而做出最优选择。

【案例】　泰中罗勇工业园的“园中园”模式

泰中罗勇工业园是中国首批国家境外经济贸易合作区之一，也是第一家在泰国开发建设的中国工业园，在当地被誉为“工业唐人街”。工业园位于泰国东海岸罗勇府，距离曼谷素万那普国际机场 100 千米，离泰国最大深水港廉差邦码头仅 27 千米，邻近罗勇府 331 号高速公路，从首都曼谷到园区只有 1.5 小时车程，具有较强区

① 唐晓阳、唐溪源：“从政府推动走向市场主导——海外产业园区的可持续发展路径”，公众号：国关国政外交学人，境外经贸合作区问题研究，2019 年 12 月。

位优势。园区周边水、陆、空交通网络发达，适合加工转口型企业的发展。

泰中罗勇工业园是一个位于泰国安美达工业园之内的园中园。园区的开发主体是华立集团和安美达集团双方合资成立的泰中罗勇工业园开发有限公司，注册资本2.1亿元人民币，其中华立持股70%，安美达持股30%。2005年，泰国安美达从大工业园中划出一片12平方千米的区域设立泰中罗勇工业园，专门针对中国企业招商。因为安美达工业园本身已有交通、电力、燃气、水厂、污水处理、通信等设施，中方合作区只需在新开辟的土地上与大园区的设施对接就可以建厂生产。所以罗勇合作区自运营第一年起就吸引了不少企业入驻，从而保证了合作区开发商的利润。园区开发商的利润来自付给大园区的土地费用与向入园企业收取的租金之间的差额。

（三）在境外经贸合作区建设中必须坚持互利共赢的原则

由于中国的境外经贸合作区主要位于“一带一路”沿线的发展中国家，因此具有非常显著的南南合作特征。互利共赢是南南合作和“一带一路”倡议中的一个重要原则，因为只有互利才能保持合作的可持续发展。而境外经贸合作区作为南南合作和“一带一路”的重要支撑，也要坚持这一原则。互利共赢应当在三个层面上得到体现。

首先，是国家利益的共赢。在境外经贸合作区的建设中，我们不仅要考虑发展中国家的利益，同时也要考虑本国的利益。中国也是发展中国家，也需要通过合作来促进发展。中国与发展中国家之间在经济上的互补性和共同利益为互利共赢合作提供了现实的基础。

一般来说，促进经济增长、增加就业、税收收入和环境保护等是所在国的利益诉求；而享受各种优惠政策、进入当地市场或者出口第三方市场，以及其他政治安全考虑是中国的利益诉求。由于各国的情况不同，因此在境外经贸合作区的开发中，无论是政府还是企业都应当明确合作的利益诉求所在，并实现自身的利益与所在国利益的相互兼容。

其次，是国家和企业利益的共赢。中国领导人提出“一带一路”倡议，鼓励境外经贸合作区的建设，寻求的是国际共赢；而企业寻求的则是短期的经济利益。如前所述，只有企业投资实现盈利才能保持园区项目的可持续性；而只有园区的持续发展才能实现国际关系的提升。

最后，是园区开发企业和入园投资企业利益的共赢。参与境外经贸合作区建设的国内企业有两类：一是园区的开发运营企业；二是在园区内投资经营的生产或服务企业。这两类企业的商业运作模式和经营目标都是不同的。从国际产能合作和“抱团出海”的角度来看，境外合作区是中国企业对外投资和从事国际化经营的一个平台，而入园企业的生存和发展是保证园区生命力的基础。要实现开发企业和投资企业的利益共赢，一个重要的方面就是结合所在国的实际合理地确定产业的发展重点。

（四）加强境外经贸合作区对国际产能合作的承载作用

境外经贸合作区不仅是推动中国“一带一路”倡议的重要节点，也是中国对外直接投资以及开展国际产能合作的重要平台。应以产能合作为基础将境外经贸合作区的建设与中国的外资、外贸和外援等相关政策有机结合起来，提升中国与广大发展中国家的经贸关系水平。

首先，园区的主导产业定位应该依据国际产业转移的一般规律，在综合考察中国和东道国的比较优势、技术优势、竞争优势和区位优势的基础上加以选择和确定，从而避免产业定位上的盲目性。

其次，应当将产能合作与境外经贸合作区的开发有机地结合起来，利用产能合作的政策资源鼓励企业到境外经贸合作区投资，这不仅可以有效促进产能合作，而且可以有效地促进企业在境外经贸合作区中的聚集，实现园区的可持续发展。

最后，以对外援助为基础的工程承包可以与境外经贸合作区的基础设施建设相结合，从而减少境外经贸合作区开发企业的投资负担和风险。在中国的工程承包中，有相当的比重是以对外援助为基础的，即中国向发展中国家提供优惠贷款从事某项基础设施建设，并由中国企业承包工程。这种模式实际上可以与境外经贸合作的建设结合起来。如前所述，中国一些在发展中国家的境外经贸合作区是政策型的，具有一定的对外援助的性质。但在现实中，合作区开发中的所有风险完全是由企业来承担的，并在一定条件下转化为中国政府的负担。这是一种不合理的现象。我们认为，境外经贸合作区，特别是政策型合作区的建设应当与以对外援助为基础的基础设施建设有机地结合起来，将园区的前期基础设施建设转化为工程承包项目。由中国向东道国政府提供优惠贷款，由园区开发企业承建。这样做可以尽可能地将政府职能与企业职能分开，不仅可以减少开发企业的投资风险，而且可以促进东道国政府对开发区的支持，实现风险共担，利益共享。

（五）明确境外经贸合作区的主体定位，并拓宽盈利渠道

首先，要明确境外经贸合作区的产业与发展定位。合作区入区企业的来源地和性质多样，企业之间没有权属关系，牵头企业在组织管

理、调控服务方面需要与各个企业逐步磨合。若合作区缺乏明确的产业定位，则难以实现园区产业与当地资源、商务条件的匹配。由于一些合作区对于产业的选择以及未来的规划不明确，在宏观上缺少整体布局规划，从而出现园区产业过杂的现象。因此，园区在建设之前，应依据企业的实力和已经建成合作区的近况考虑投资合作区的标准，将园区的定位和东道国的投资环境以及中国企业内在需求相结合，避免定位不明或定位重复而造成的资源浪费。

其次，境外经贸合作区的投资企业应拓宽盈利渠道。能够实现盈利是境外经贸合作区具有可持续性的必要条件。因此，开发企业在园区的运营过程中必须注重拓宽其盈利渠道，保障正常盈利。一方面，企业应寻求多样化的盈利模式，由专注工业地产开发向全方位产业链服务转变。开发商应根据园区的产业定位，把握行业的发展特点和其产业链上下游的协作关系，为入驻园区的企业提供综合服务平台，提供咨询、培训、信息、企业孵化、物流、人力资源、软件服务外包等服务。另一方面，应注重提升园区核心竞争力，突出产业特色。鼓励国内实力较强、园区运作经验丰富的龙头企业与金融机构、行业协会、服务中介等共同投资建设境外经贸合作区，形成主导产业特色突出、产业链条完整的园区发展模式。

（六）健全企业员工海外派遣保障机制，积极培育国际化人才

一是完善保障措施，建立应急管理机制，加强驻外人员人身安全保护；二是给予在外从事商务活动人员更多便利条件，解决家属探亲、随任等方面的问题；三是借鉴韩国、日本和我国民企外派员工经验，研究在新时代、新情况下的外派员工在薪酬、家庭团聚、子女教育、医疗服务等方面的管理问题，完善激励机制，更好保障企业外派员工

的工作稳定性和积极性；四是加强回任管理，确保海外人才派得出、回得来；五是成立对外投资、承包工程专业培训局或机构，专门培养能够获得国际资质认可的专业化国际化人才，并举办海外投资高层人员培训班，为一线管理人员提供重大政策方面的指导。

执笔人：周太东　申　秋

专题报告六

支持龙头企业引领打造“一带一路”产能合作网络

打造产能合作网络既是全球产业集群式转移的新趋势，也是世界产业转移的新模式。龙头企业[①]规模大、实力强，具有较强带动能力。由龙头企业主导打造产能合作网络，能够充分发挥其在经济、技术、就业、规则和风控等方面的引领作用，是打造国际产能合作网络的主流方式。自“一带一路”倡议提出以来，我国龙头企业积极引领打造产能合作网络，取得了较好成绩、积累了丰富经验。当前，新冠肺炎疫情全球蔓延及单边主义、保护主义抬头对全球供应链体系和生产网络造成巨大冲击。面对百年未有之大变局，支持龙头企业引领打造产能合作网络并助推“一带一路”建设进入新阶段，具有重大意义和现实价值。

① 龙头企业并无严谨定义。本专题报告中龙头企业主要是指供应链核心企业，如大型装配的整机企业、园区或互联网平台企业、建筑劳务的总包企业等。龙头企业依靠自身所具备的规模实力、技术创新能力和资源整合能力，能够对产业链核心生产环节开展横向引领或对产业链上下游配套环节进行纵向整合。

一、龙头企业主导和引领是打造“一带一路”产能合作网络的关键

龙头企业主导和引领打造“一带一路”产能合作网络，是有“主动引领”的生产网络布局[①]，即以国内14亿人口和沿线国家30亿人口的超级大市场为基础，构建以中国为重要枢纽，覆盖东盟、南亚、中亚、中东以及中东欧等广袤地域的国际产能合作网络。这有助于发挥我国优秀企业的竞争优势、更好实现沿线国家的合作共赢。

龙头企业引领打造“一带一路”产能合作网络，有利于发挥我国优秀企业的竞争优势。相较于一些发达经济体的领先企业，我国优秀企业普遍起步较晚，国际竞争力仍有待提高。新冠肺炎疫情全球暴发后，美、英、日、欧盟等均制定了一系列包括降低审查门槛、扩展审查范围、延长审查时间的限制性外资审查政策，制约了我国优秀企业在这些地区的国际发展空间。可以说，我国龙头企业在发达经济体打造产能合作网络所面临的竞争力不强、整合力不足等问题短期内难以改观，不得不转变地区导向。与之相比，“一带一路”沿线国家和地区多为发展中国家和低收入经济体，普遍面临工业化[②]、城市化[③]的强烈需求，为我国龙头企业主导打造产能合作网络提供了基本条件。同时，沿线国家经济基础大多相对薄弱、供应链体系尚不完整、生产网络并未形成、企业

① 殷琪、薛伟贤：“中国在‘一带一路’生产网络中产业转移模式研究”，《经济问题探索》2017年第3期，第123~129页。

② 黄群慧、韵江、李芳芳：《“一带一路”沿线国家和地区工业化进程报告》，社会科学文献出版社2015年版。

③ L. Harimeng，Chuanglin F.，Yi M. et al. Spatio – temporal evolution of population and urbanization in the countries along the Belt and Road 1950 – 2050 . Journal of Geographical Sciences，2018，28（07）：919 –936.

竞争力普遍不强，我国龙头企业具有较为明显的引领优势。

龙头企业主导打造“一带一路”产能合作网络，更有利于同沿线国家的合作共赢。对于我国而言，由龙头企业主导打造产能合作网络，能带动更多的中国企业“走出去”、减少海外投资和运营的信息不对称水平、降低海外投资和运营风险，有利于发挥组团式出海、集团式竞争的优势。对于沿线国家而言，龙头企业主导建立产能合作网络，能以更快的时间建立具有较强全球竞争力的产业生态系统，从而有效拉动当地经济发展。不仅如此，龙头企业主导打造产能合作网络，能更好地对接沿线国家需求，实现产能有序自主转移，避免我国制造业空心化和东道国竞争的无序化。

二、龙头企业引领打造“一带一路”产能合作网络面临诸多挑战

龙头企业主导和引领在“一带一路”沿线国家和地区打造产能合作网络，不仅需要适应沿线国家和地区各异的投资运营环境，而且面临差别明显、普遍落后的营商环境。考虑到我国企业的海外布局逻辑，由龙头企业引领打造产能合作网络还面临诸多挑战。

（一）沿线国家和地区投资运营环境复杂，龙头企业引领打造产能合作网络缺乏长期和稳定预期

沿线国家和地区投资安全水平普遍偏低（详见本专题报告附表），龙头企业引领打造产能合作网络面临复杂、不稳的投资运营环境[①]，

---

① 卢伟、李大伟：“‘一带一路’背景下大国崛起的差异化发展策略”，《中国软科学》2016年第10期，第11~19页。

主要表现如下。

一是部分沿线国家和地区政局不稳。一些沿线国家政党轮替频繁，不同政党对待外资态度不同，龙头企业打造产能合作网络面临政治不确定性。二是不少沿线国家和地区经济政策调整频繁。沿线国家和地区经济实力整体不强，41 个国家和地区人均 GDP 不足 1 万美元，经济制度尚不完善、经济政策调整较为频繁，龙头企业打造产能合作网络面临经济政策多变性。三是沿线国家和地区社会矛盾和不稳定因素较多。许多国家和地区贫富差距较大、民族宗教问题严重，工业化、城市化进程引起深刻的利益关系调整，容易引发社会矛盾、导致不稳定。龙头企业打造产能合作网络的过程也是参与东道国社会关系调整的过程，易于成为矛盾焦点。四是沿线国家和地区不同程度受到对我国企业不友好的国际舆论氛围影响。由于部分西方国家蓄意抹黑等原因，我国国有企业被“妖魔化”、民营企业也频繁遭受攻讦，龙头企业引领打造产能合作网络会面临引起当地“疑虑”等挑战。

（二）营商环境差别明显、普遍较为落后，龙头企业引领打造产能合作网络存在不少障碍

根据世界银行（2019）对 190 个国家或地区营商环境评估，“一带一路”沿线国家和地区营商环境排名平均水平为 74 名，整体处于较低水平，具体表现如下。

一是多数沿线国家和地区政府服务效率不高，制约龙头企业更快打造产能合作网络。以施工许可为例，沿线国家和地区“施工许可”效率排名平均水平仅为 80 名。二是部分沿线国家和地区有些法律较为苛刻。比如，有些国家和地区劳动保护法律设定明确的员工本地化标准，影响企业按照市场化原则全球雇用。三是有些沿线国家和地区部

分官员贪腐问题较为严重，索贿行为较为普遍，影响产能合作网络建设的成本和效率。四是部分国家和地区供需层面对产能合作网络支撑力度有限。在供给层面，部分沿线国家和地区电力紧缺、交通设施不便等问题严重，产业综合配套能力较弱、成本偏高；在需求侧，沿线国家和地区中高收入国家只有 20 个，大多数国家收入水平不高，其中，8 个国家为最不发达国家。

（三）龙头企业打造产能合作网络落地难，产能合作网络尚未稳定形成

我国一些优秀企业已经围绕特定项目、以产业合作园区为重点[①]，在沿线国家建立近 50 个产业合作园区，但是产能合作网络切实落地和稳定运行依然任重道远，主要表现如下。

一是部分国有企业在国际产能合作中忽视经济效益，可持续发展能力有待提升。二是产能合作网络产业布局同当地规划不相适应。沿线国家和地区工业化进程不同，产业优化升级的节奏各异，沿线国家和地区希望按照当地规划布局产能合作网络，然而，当地往往并不具备相应的条件，龙头企业打造产能合作网络需要处理好同当地产业规划之间的矛盾。三是部分中资企业存在恶性竞争问题。在现有产能合作网络运行过程中，仍存在部分中资企业之间的恶性竞争现象，导致一些基础设施流标或亏损，影响整个产能合作网络的运行效果。四是中小企业参与度不高，未能形成“以大带小”的聚合效应。由于规模小和缺乏国际运营经验，我国中小企业参与产能合作网络的积极性不高、参与度有待提升，进一步影响了产能合作网络的稳固性。

---

① 刘冬：“境外工业园建设与中阿产能合作”，《西亚非洲》2017 年第 6 期，第 114 ~ 136 页。

三、改善政策环境、提供高质量政策支持，助力龙头企业引领打造产能合作网络

“一带一路”沿线国家和地区工业化进程差别明显，44 个国家和地区工业化水平低于我国，具有开展产能合作的巨大空间。我国是全球唯一拥有联合国产业分类目录中所有工业门类的国家，龙头企业供应链主导优势较为明显，具有引领打造产能合作网络的能力。为推动我国龙头企业更好地引领打造产能合作网络，应以全面完善国际政策协调机制为基础，以支持龙头企业和供应链核心企业为重点，充分发挥行业协会、商会的协调作用以及龙头企业资源优势和主导作用，从国际、国家、协会和企业四个层面，进一步完善政策环境、提供高质量政策支持。

基本思路是坚持“共同发展”原则，将我国的主动有序产业转移同“一带一路”国家和地区实际需求相结合，加强政府部门协调和推动，以龙头企业为主体、以市场化为导向，创新龙头企业引领“一带一路”产能合作、完善产业转移模式，提升我国产业国际集聚能力，围绕“一带一路”优化生产网络和全球供应链体系，促进我国企业向价值链高端攀升，在“一带一路”沿线形成以我国龙头企业为带动、互利共赢的产能合作网络。

（一）完善支持龙头企业打造产能合作网络的国际协调机制

围绕完善支持龙头企业打造产能合作网络的外部环境，做好我国同东道国的发展战略和宏观政策协调，共同推进“一带一路”高质量发展。一是签署更具约束力的国家间合作协定，推动投资自由化、便

利化。围绕龙头企业投资申报与审批、通关便利化、国民待遇、权益保护、生产运营等做出制度性安排，甚至“特事特办”，切实保护我国企业合法权益，为龙头企业打造产能合作网络营造良好环境。二是加强同沿线国家和地区发展战略和政策对接。推动同沿线国家和地区重大战略、经济发展规划、跨国投资和贸易等方面的政策对接，做到同沿线国家和地区产业发展、引进外资和对外贸易有关政策的协调，鼓励龙头企业打造的产能合作网络契合沿线国家和地区发展战略。三是协同沿线国家科学规划产业升级转型。遵循市场规律，协同沿线国家和地区合理编制切合当地实际的产业规划，补足沿线国家和地区经济发展短板，助力龙头企业科学打造产能合作网络、实现我国产业有序转移。四是建立同东道国共同参与打造产能合作网络的机制。秉承共建原则，以我国提供的政策性贷款为抓手，鼓励沿线国家和地区提供一定比例的配套资金，共同为我国龙头企业打造产能合作网络提供融资支持。五是建立“一带一路”沿线国家和地区技术标准互认机制，推动各国工业、制造、建筑、工程建设等方面技术标准的对接或兼容。

（二）重点支持龙头企业和供应链核心企业打造产能合作网络

重点支持产能合作网络龙头企业和供应链核心企业，兼顾支持“一带一路”合作网络节点企业，从而更有效地间接支持了更多的中小型成员企业。比如，在金融政策方面，建立由区域金融机构、国内金融机构和东道国金融机构相互补充以及政策性金融、开发性金融和商业性金融有机结合的金融基础设施，创新金融产品、拓宽融资渠道，服务龙头企业打造“一带一路”产能合作网络融资需求。再如，在风险防控方面，针对经济、政治、社会等风险，围绕风险监测、风险管控、风险应急和风险防范四个方面，建立和完善风险防控体系，提升龙头企业承受风险能力、提高产能合作网络应对风险水平。

（三）发挥行业协会、商会的协调作用，引导企业合规经营、规范竞争

发挥行业协会、商会在提高企业能力、保护企业权益、促进行业自律、规范市场竞争等方面的作用，推动产能合作网络有序竞争和规范发展。一是开展守法合规培训。围绕沿线国家和地区法律制度、商业习惯、劳工标准、社会责任倡议等内容，针对性开展培训工作，指导好龙头企业及产能合作网络成员企业规范参与产能合作网络、守法合规开展海外运营。二是建立“一带一路”产能合作网络联盟。为龙头企业打造产能合作网络提供政策、法律、金融、信息等方面的服务，规范龙头企业海外经营行为、做好网络自律，促进有序竞争。三是服务产能合作网络规范开展海外运营。围绕建立本地政商关系、提供信息服务、加强业务合作、共享本地资源等内容，做好对龙头企业和产能合作网络成员企业的指导工作。四是建立产能合作网络成员企业负责人定期协商机制，协调成员企业在沿线国家和地区市场的竞争、品牌打造等工作。

（四）主导建立多层次产能合作网络运行机制，助推多主体“抱团”发展

充分发挥龙头企业在信息获取、标准制定、商务咨询、风险防范等方面的资源优势，协同多方共同建立多层次产能合作网络，推进产能合作网络顺畅运行，形成多主体“抱团”共同实现海外发展的格局。一是建立中小企业服务机制，打造大中小企业积极参与和协同并

进的产能合作网络，推动各类企业业务深度融合、内控水平显著提升，切实扩充中小企业现有资源、引领中小企业风险防控，推动大中小企业在资金、品牌、劳动、研发、信息资源以及海外市场等层面的共享和融通发展。二是鼓励生产制造业企业、生产性服务业企业、生活性服务业企业积极配合，在龙头企业协调下，各类企业各展所长，推动产能合作网络供需高效衔接、信息高速流通、资金高质流转。三是推进园区开发方、建设方、施工方、运营方、服务方和入驻企业等主体积极配合，使我国龙头企业主导的境外园区成为中小企业“走出去”的首选落脚点和产能合作网络的主载体，完善产能合作网络的空间布局、提升整体竞争力。四是推动金融企业和实体企业之间的深度合作，围绕产能合作网络广设海外分支机构和服务网点、简化审批手续，创新海外金融产品和服务、拓宽海外融资渠道，健全实体企业服务体系，发挥金融企业对实体企业的融资促进和金融服务作用，为产能合作网络实体企业提供综合性、全周期的专业化海外金融服务。

执笔人：许英杰　项安波

附表　“一带一路”沿线国家和地区产能合作网络建设基本情况

编号	国家和地区名称	所在地区	收入分类	是否最不发达国家	人口（万人）	人均GDP（美元）	工业化综合指数	工业化阶段	投资安全等级	产业合作园区数量	营商环境全球排名	产能合作网络	
												现状	前景
1	老挝	东盟	中低收入经济体	○	727.6	2670.2	15.46	工业化初期－中段	/	3	154	★★	★★
2	缅甸	东盟	中低收入经济体	○	5441.0	1244.7	5.05	工业化初期－前段	较低安全水平	2	165	★	★★
3	新加坡	东盟	高收入经济体		585.0	63987.1	100.00	后工业化阶段	投资风险最小	0	2	/	★
4	柬埔寨	东盟	中低收入经济体	○	1671.9	1620.6	8.59	工业化初期－前段	中等安全水平	1	144	★	★★
5	菲律宾	东盟	中低收入经济体		10958.1	3294.5	51.20	工业化中期－中段	中等安全水平	0	95	/	★
6	文莱	东盟	高收入经济体		43.7	27871.5	72.79	工业化后期－前段	/	0	66	/	/
7	印度尼西亚	东盟	中低收入经济体		27352.4	4163.8	51.93	工业化中期－中段	中上安全水平	6	73	★★	★★★★
8	马来西亚	东盟	中高收入经济体		3236.6	11136.8	90.47	工业化后期－后段	中上安全水平	2	12	★	★★★★
9	越南	东盟	中低收入经济体		9733.9	2739.8	28.28	工业化初期－后段	中下安全水平	3	70	★★	★★★★
10	泰国	东盟	中高收入经济体		6980.0	7792.0	72.77	工业化后期－前段	中下安全水平	2	21	★	★★★★
11	蒙古	东亚	中低收入经济体		327.8	4132.7	51.08	工业化中期－中段	较低安全水平	0	81	/	/
12	中国	东亚	中高收入经济体		143932.4	10098.9	83.69	工业化后期－中段	/	0	31	－	－
13	摩尔多瓦	独联体	中低收入经济体		403.4	3300.1	40.85	工业化中期－前段	较低安全水平	0	48	/	★
14	亚美尼亚	独联体	中高收入经济体		296.3	4527.6	39.91	工业化中期－前段	/	0	47	/	/
15	格鲁吉亚	独联体	中高收入经济体		398.9	4289.3	54.72	工业化中期－中段	/	1	7	★	★★★
16	乌克兰	独联体	中低收入经济体		4373.4	3592.2	56.79	工业化中期－后段	/	0	64	/	★

续表

编号	国家和地区名称	所在地区	收入分类	是否最不发达国家	人口（万人）	人均GDP（美元）	工业化综合指数	工业化阶段	投资安全等级	产业合作园区数量	营商环境全球排名	产能合作网络	
												现状	前景
17	阿塞拜疆	独联体	中高收入经济体		1013. 9	4689. 4	59. 96	工业化中期－后段	中下安全水平	0	34	/	★★
18	白俄罗斯	独联体	中高收入经济体		944. 9	6603. 9	93. 49	工业化后期－后段	/	1	49	★	★★★
19	俄罗斯	独联体	中高收入经济体		14593. 4	11162. 7	83. 71	工业化后期－中段	中下安全水平	4	28	★★	★★★★
20	尼泊尔	南亚	低收入经济体	○	2913. 7	1047. 7	0. 00	前工业化阶段	/	1	94	★	★★
21	阿富汗	南亚	低收入经济体	○	3892. 8	513. 1	5. 93	工业化初期－前段	/	0	173	/	/
22	巴基斯坦	南亚	中低收入经济体		22089. 2	1388. 2	18. 05	工业化初期－中段	较低安全水平	2	108	★	★★
23	不丹	南亚	中低收入经济体	○	77. 2	3423. 1	29. 99	工业化初期－后段	/	0	89	/	/
24	印度	南亚	中低收入经济体		138000. 4	2171. 6	31. 25	工业化初期－后段	中等安全水平	3	63	★★	★★★
25	斯里兰卡	南亚	中高收入经济体		2141. 3	3946. 6	58. 95	工业化中期－后段	中等安全水平	2	99	★	★★★
26	马尔代夫	南亚	中高收入经济体		54. 1	15562. 5	66. 39	工业化后期－前段	/	0	147	/	/
27	孟加拉国	南亚	中低收入经济体	○	16468. 9	1905. 7	24. 74	工业化初期－后段	中下安全水平	1	168	★	★★
28	也门	西亚	低收入经济体	○	2982. 6	943. 3	30. 96	工业化初期－后段	极低安全水平	0	187	/	/
29	伊拉克	西亚	中高收入经济体		4022. 3	5738. 4	62. 79	工业化中期－后段	极低安全水平	0	172	/	★
30	叙利亚	西亚	低收入经济体		1750. 1	870. 0	33. 33	工业化中期－前段	/	0	176	/	/
31	阿曼	西亚	高收入经济体		510. 7	17791. 0	72. 73	工业化后期－前段	较低安全水平	1	68	★	★★
32	约旦	西亚	中高收入经济体		1020. 3	4386. 6	87. 91	工业化后期－中段	较低安全水平	0	75	/	★

续表

编号	国家和地区名称	所在地区	收入分类	是否最不发达国家	人口（万人）	人均GDP（美元）	工业化综合指数	工业化阶段	投资安全等级	产业合作园区数量	营商环境全球排名	产能合作网络	
												现状	前景
33	黎巴嫩	西亚	中高收入经济体		682.5	9654.8	89.86	工业化后期－后段	较低安全水平	0	143	/	/
34	伊朗	西亚	中高收入经济体		8399.3	5506.2	71.88	工业化后期－前段	中等安全水平	1	127	★	★★
35	巴勒斯坦	西亚	中低收入经济体		510.1	3559.0	68.76	工业化后期－前段	/	0	117	/	/
36	卡塔尔	西亚	高收入经济体		288.1	69687.5	72.82	工业化后期－前段	中等安全水平	0	77	/	/
37	沙特阿拉伯	西亚	高收入经济体		3481.4	22865.2	73.57	工业化后期－前段	中等安全水平	0	62	/	★
38	埃及	西亚	中低收入经济体		10233.4	3046.6	47.37	工业化中期－中段	中下安全水平	1	114	★	★★
39	科威特	西亚	高收入经济体		427.1	29267.0	72.89	工业化后期－前段	中下安全水平	0	83	/	/
40	阿联酋	西亚	高收入经济体		989.0	37749.9	73.47	工业化后期－前段	中下安全水平	0	16	/	★
41	巴林	西亚	高收入经济体		170.2	25273.1	81.66	工业化后期－中段	中下安全水平	0	43	/	★
42	土耳其	西亚	中高收入经济体		8433.9	8957.9	90.50	工业化后期－后段	中下安全水平	0	33	/	★★
43	以色列	西亚	高收入经济体		865.6	42823.3	100.00	后工业化阶段	/	0	35	/	★
44	塞浦路斯	西亚	高收入经济体		120.7	27719.7	/	/	/	0	54	/	/
45	北马其顿	中东欧	中高收入经济体		208.3	6096.5	61.82	工业化中期－后段	较低安全水平	0	17	/	★
46	阿尔巴尼亚	中东欧	中高收入经济体		287.8	5372.7	36.80	工业化中期－前段	中等安全水平	0	82	/	/
47	黑山	中东欧	中高收入经济体		62.8	8703.9	63.27	工业化中期－后段	/	0	50	/	/
48	保加利亚	中东欧	中高收入经济体		694.8	9518.4	75.59	工业化后期－前段	中等安全水平	0	61	/	/

续表

编号	国家和地区名称	所在地区	收入分类	是否最不发达国家	人口（万人）	人均GDP（美元）	工业化综合指数	工业化阶段	投资安全等级	产业合作园区数量	营商环境全球排名	产能合作网络	
												现状	前景
49	塞尔维亚	中东欧	中高收入经济体		873.7	7397.7	78.75	工业化后期－中段	中等安全水平	0	44	/	★
50	克罗地亚	中东欧	高收入经济体		410.5	14949.8	83.17	工业化后期－中段	中等安全水平	0	51	/	/
51	斯洛伐克	中东欧	高收入经济体		546.0	19547.7	89.96	工业化后期－后段	中等安全水平	0	45	/	★
52	波兰	中东欧	高收入经济体		3784.7	14901.5	90.04	工业化后期－后段	中等安全水平	0	40	/	★★
53	斯洛文尼亚	中东欧	高收入经济体		207.9	26170.3	91.90	工业化后期－后段	中等安全水平	0	37	/	★
54	立陶宛	中东欧	高收入经济体		272.2	19266.8	97.64	工业化后期－后段	中等安全水平	0	11	/	★
55	拉脱维亚	中东欧	高收入经济体		188.6	18171.7	97.88	工业化后期－后段	中等安全水平	0	19	/	★
56	罗马尼亚	中东欧	中高收入经济体		1923.8	12483.0	85.17	工业化后期－中段	中上安全水平	0	55	/	★
57	爱沙尼亚	中东欧	高收入经济体		132.7	23523.6	90.73	工业化后期－后段	中上安全水平	0	18	/	★
58	捷克	中东欧	高收入经济体		1070.9	23214.0	99.36	工业化后期－后段	中上安全水平	0	41	/	★★
59	波黑	中东欧	中高收入经济体		328.1	5741.8	62.34	工业化中期－后段	中下安全水平	0	90	/	/
60	匈牙利	中东欧	高收入经济体		966.0	17463.3	98.76	工业化后期－后段	中下安全水平	2	52	★	★★
61	希腊	中东欧	高收入经济体		1042.3	19974.4	/	/	/	0	79	★	★★
62	塔吉克斯坦	中亚	低收入经济体		953.8	877.3	0.21	工业化初期－前段	/	2	106	★	★★
63	吉尔吉斯斯坦	中亚	中低收入经济体		652.4	1293.0	23.93	工业化初期－后段	/	1	80	★	★★

续表

编号	国家和地区名称	所在地区	收入分类	是否最不发达国家	人口（万人）	人均GDP（美元）	工业化综合指数	工业化阶段	投资安全等级	产业合作园区数量	营商环境全球排名	产能合作网络	
												现状	前景
64	乌兹别克斯坦	中亚	中低收入经济体		3346.9	1831.6	29.19	工业化初期－后段	较低安全水平	1	69	★	★★★
65	哈萨克斯坦	中亚	中高收入经济体		1877.7	9139.1	72.04	工业化后期－前段	较低安全水平	2	25	★	★★★★
66	土库曼斯坦	中亚	中高收入经济体		603.1	7816.0	70.64	工业化后期－前段	/	0	/	/	★

说明：

①收入分类资料来源为世界银行官方网站，四个类别和2020财年标准为低收入经济体（人均国民总收入等于或低于1025美元）、中低收入经济体（人均国民总收入1026～3995美元）、中高收入经济体（人均国民总收入3996～12375美元）、高收入经济体（人均国民总收入12376美元及以上）；

②“是否最不发达国家”列中的“○”表示“是”；

③最不发达国家名单资料来源为联合国贸发会议《最不发达国家报告2019》；

④人口数据为联合国经济和社会事务部《2019年世界人口前景》预测2020年数据；

⑤除了叙利亚和巴勒斯坦人均GDP为TradingEconomics.com预测2020年数据，其余国家均为2019年人均GDP数据，由Knoema数据库根据IMF（2019）《世界经济展望》统计计算；

⑥工业化综合指数、工业化阶段数据来源为《“一带一路”沿线国家工业化进程报告（2015）》；

⑦投资安全等级数据来源为《中国“一带一路”投资安全研究报告（2019）》；

⑧产业合作园区数量数据来源为：前瞻产业研究院《2018年“一带一路”中国海外园区发展现状及2019年发展趋势分析》；

⑨营商环境全球排名数据来源为：世界银行《2020年全球营商环境报告》；

⑩产能合作网络“现状”和“前景”数据为课题组根据本表所列数据综合判定，“★”、“★★”、“★★★”、“★★★★”、“★★★★★”分别表示产能合作网络水平处于较低水平、低水平、中等水平、高水平和较高水平；“/”表示尚未开展打造产能合作网络，或不建议在当地打造产能合作网络。

专题报告七

服务“一带一路”国际产能合作的金融政策

自“一带一路”倡议提出以来，随着经济全球化的深入，国际产能合作不断调整和变化。金融作为国际产能合作的重要支撑，发挥了重要作用。然而，金融对国际产能合作的支持也面临一系列问题。因此，有必要研究如何通过政策支持发挥现有金融工具的作用，更好服务“一带一路”产能合作。本专题报告总结归纳了“一带一路”产能合作中的金融需求及特征，分析了金融服务产能合作中遇到的一些主要问题，并在总结国际经验的基础上，从政府部门、金融服务提供方两个方面对金融支持“一带一路”产能合作提出了政策建议。

一、“一带一路”产能合作的金融需求

近年来，我国与“一带一路”沿线国家和地区的产能合作不断深化。其中，既包括促进制造业等产能过剩产业的结构调整和优化，也包括支持新兴产业、技术和商业模式的发展。随着产能合作在投融资方面的需求逐步多样，金融服务产能合作的发展空间愈加广阔。

（一）金融需求

1. 资金需求

在“一带一路”产能合作过程中，其最重要的金融需求是资金需求。随着“一带一路”产能合作的不断推进，资金需求是沿线许多产能合作项目面临的首要需求。资金投入主要体现在投资项目创建阶段的启动资金，项目运营阶段的流动性资金，以及项目后期改进的发展资金。随着项目的开展且不断深入，企业由于有扩大生产及市场规模和升级、改进技术的需求，往往需要扩大融资规模。目前，这些项目的资金来自我国、当地以及多边国际开发性金融机构在内的第三方。各类提供资金的金融机构在运营和投资方面有其各自的侧重点；提供的资金类型包括政策性或开发性资金，纯商业资金，或兼具政策性和商业性的资金。从项目所处阶段看，在项目的启动阶段一般以政策性金融机构为主，风险投资和商业银行等少量参与。随着项目的发展，经营效果转好，更多的商业性金融机构逐渐参与，资金供给的方式也趋向多元化。

2. 资金汇兑和结算需求

“一带一路”项目的资金来自境内外的多个渠道，来源十分多样。因此，参与项目的企业对其境内和境外运作的资金有统一管理的需求，以提高企业的资金使用效率。例如，商业银行提供境内外资金调拨的机制以及资金管控机制，使境内的母公司能够及时了解境外公司的经营情况。与我国经济实力提升和人民币国际化水平提高相对应，人民币的流通和使用已经成为重要的影响因素。据中国经济网资料显示，2018 年前三季度，我国的商业银行与“一带一路”沿线国家和地区贸易融资业务交易中，人民币交易总量同比增长 15.1%，较同期提升 2 个百分点。2018 年第一季度，我国的商业银行开展“一带一路”

沿线国家和地区贸易融资规模累计超过了4500亿元人民币，为大型企业累计承销人民币债券超过数百亿元。2018年，我国跨境贸易人民币结算业务达5.11万亿元，直接投资人民币结算业务为2.66万亿元。其中，以人民币进行结算的跨境货物贸易、服务贸易及其他经常项目、对外直接投资、外商直接投资分别为3.66万亿元、1.45万亿元、8048.1亿元、1.86万亿元[①]。

3. 风险缓释和风险管理需求

企业在国际环境中经营往往面临比国内更多和更高的风险，例如外汇风险等，因此需要保险和担保等业务以缓释和控制风险。首先，“一带一路”覆盖范围广，涉及亚洲、欧洲和非洲等多个国家和地区，沿线各国和地区国情、政治、文化、民族和社会均有较大差异。部分国家和地区还存在恐怖主义、宗教极端主义和分离主义等问题，常年处于战乱之中，局势动荡。这些较不利的外部环境因素给企业境外经营带来巨大的风险和挑战。其次，“一带一路”沿线国家和地区大部分为新兴经济体和欠发达国家，多数国家和地区由于发展阶段相对初级，仍存在政治缺乏稳定、社会亟待转型、政策面临调整等挑战。因此，我国企业在“一带一路”沿线运营时面临较大的风险，包括经济、汇率和金融方面的风险，以及政治和社会冲突等地缘政治风险。这对在境外经营的企业和员工都将造成影响。面对这些不稳定因素，企业在风险控制和风险缓解方面有了更多的需求。目前，政策性保险往往是企业国际项目的首要保证，例如海外投资险、出口信用保险，和工程保险、货物保险、船舶保险、能源保险、重装备保险等类型。同时，企业在财产险、责任险和人身意外险等方面也存在需求。

① http：//www. china. com. cn/opinion/think/2019－04/24/content_ 74715563. htm.

4. 综合金融服务需求

“一带一路”沿线国家和地区在经济、社会和文化方面存在巨大差异。各国和地区的国情不同，在金融制度、法律法规和监管方面也存在差异。企业在境外经营的时候，除了资金和风控等要求，由于经营投资过程中对经营环境缺乏足够的了解，缺少项目运营的经验，在财务、政策和法律方面也存在需求。因此，企业往往希望金融机构或相关的中介服务机构能共同提供综合、完整的咨询服务。例如，企业在对外直接投资过程中，于项目准备阶段对投资环境进行深入调查，客观评估东道国的经营环境和条件，有针对性地制定预警方案，切实保障企业的相关利益。

（二）“一带一路”产能合作中的金融需求特征

“一带一路”倡议提出并实施以来，取得了重要的进展和成果。其中，产能合作具有以下几方面的特征。

1. 投资规模大幅增加，融资压力明显提高

2013 年我国提出“一带一路”倡议以来，对沿线国家和地区的投资规模整体为上涨态势。截至 2019 年 4 月，首届“一带一路”国际合作高峰论坛形成的 5 大类、76 大项、279 项具体成果已全部得到落实，累计开行中欧班列超过 1.4 万列。目前，我国已与 40 多个国家和地区建立了双边产能与投资合作机制，与 10 多个发达国家和新兴经济体开展了第三方市场合作。据商务部统计数据显示，2003 年，我国对“一带一路”投资流量为 2.02 亿美元，2017 年增至 143.6 亿美元，2018 年达到 156.4 亿美元，2019 年为 150.4 亿美元。从存量看，2003 年仅为 13.3 亿美元，2017 年升至 1445.7 亿美元，2018 年高达 1602.1 亿美元。同时，从 2013 年至 2019 年 9 月，我国企业对“一带一路”沿线

国家和地区直接投资总计超过1000亿美元。目前，我国在“一带一路”沿线国家和地区推进建设了一批境外经贸合作区，累计投资超过300亿美元，为当地创造就业岗位30多万个。在“一带一路”沿线国家和地区对外承包工程完成营业额893.3亿美元，占同期总额的52%。2019年，我国企业在“一带一路”沿线国家和地区新签合同额1548.9亿美元，占同期我国对外承包工程新签合同额的59.5%，同比增长23.1%；完成营业额979.8亿美元，占同期总额的56.7%，同比增长9.7%。在整体投资规模上涨的同时，沿线项目对资金的需求也同样有所增加。

2. 项目周期长、成本高，对风险管理和风险缓释的要求更高

国际产能合作项目具有周期较长、成本较高的特点。“一带一路”产能合作往往涉及多个领域和范围，复杂性高，对人员、技术、设备和环境要求高，因此，大多数项目都是大型跨年项目，运营周期长。同时，沿线部分国家在政治、社会和环境等方面存在一定的不确定性，这就使得其对融资项目的要求较多，项目在运营中需要承担一定的协调成本，导致项目的收益也会受到影响。因此，“一带一路”产能合作项目在运行中往往需要承担更多风险，相关项目及企业对境外经营过程中风险管理和风险缓释的要求增加。

3. 对金融机构提供综合化服务的要求提升

在企业境外经营的过程中，其对金融机构的要求也不断提高。例如，“一带一路”沿线涉及众多国家和地区，各国均有法定货币。然而，贸易往来或项目结算主要采用美元作为通用货币，涉及多币种合作问题。因此，在我国参与的交易中，就要面临当地货币、美元和人民币之间三方的汇率波动导致的损益，以及由此衍生的汇率风险。随着“一带一路”产能合作项目对资金需求的增加，参与提供资金和其他服务的银行等金融机构都将面临汇率风险，企业对汇率风险管理的要求增加。对金融机构来说，外汇业务涉及范围十分广泛，这就要求金融机构具有较强的综合服务能力。

二、金融服务产能合作的政策、现状和问题

随着“一带一路”倡议的不断推进，我国与相关国家的合作正在深化。对产能合作的金融支持在促进“一带一路”发展方面发挥着非常重要的作用。然而，由于国际形势、各国和金融业的形势，在服务“一带一路”产能合作的过程中，金融支持也面临着各种问题。

（一）当前我国金融支持“一带一路”情况

1. 金融服务“一带一路”产能合作涉及的主要政策

近年来，中央和地方出台了一系列政策文件，推动“一带一路”产能合作。这些文件中涉及金融支持方面的政策汇总如表1、表2所示。

表1　中央层面发布的相关文件

发布时间	发布部门	文件名称
2015年3月28日	国家发展改革委、外交部、商务部	《推动共建丝绸之路经济带和21世纪海上丝绸之路的愿景与行动》
2015年5月	国务院	《国务院关于推进国际产能和装备制造合作的指导意见》
2016年12月	商务部等7部门	《关于加强国际合作提高我国产业全球价值链地位的指导意见》
2017年8月	国家发展改革委、商务部、人民银行和外交部	《国务院办公厅转发国家发展改革委商务部人民银行外交部关于进一步引导和规范境外投资方向指导意见的通知》

续表

发布时间	发布部门	文件名称
2018 年 4 月 11 日	国家发展改革委	《关于引导对外投融资基金健康发展的意见》
2019 年 4 月	推进“一带一路”建设工作领导小组办公室	《共建“一带一路”倡议：进展、贡献与展望》
2019 年 11 月	国务院	《关于推进贸易高质量发展的指导意见》

资料来源：各部委和机构网站。

表 2　　部分地方配套政策

发布时间	发布部门	文件名称
2015 年 9 月	湖南省	《湖南省对接“一带一路”倡议推动优势企业“走出去”实施方案》
2016 年 11 月	湖北省武汉市	《关于印发武汉城市圈构建开放型经济新体制综合试点试验实施方案的通知》
2016 年 11 月	云南省	《云南省人民政府关于建设面向南亚东南亚金融服务中心的实施意见》
2017 年 11 月	江苏省	《关于转发省发展改革委等部门关于进一步规范企业境外投资的通知》
2017 年 12 月	吉林省	《吉林省关于 2017 年推进“一带一路”建设工作进展和 2018 年工作设想的报告》
2018 年 7 月	河北省	《关于积极参与“一带一路”建设推进国际产能合作的实施方案》
2018 年 10 月	山东省	《关于印发山东省现代金融产业发展规划（2018 - 2022 年）的通知》
2018 年 11 月	北京市	《北京市推进共建“一带一路”三年行动计划（2018 - 2020 年)》
2018 年 11 月	贵州省	《省人民政府办公厅关于印发贵州省推动企业沿着“一带一路”方向“走出去”行动计划（2018 - 2020 年）的通知》
2019 年 9 月	陕西省西安市	《西安市人民政府关于深化中国（陕西）自由贸易试验区西安区域改革创新若干措施的通知》

资料来源：各省市政府网站。

可以看出，出台的各类政策具有以下特点。一是近年来支持“一带一路”产能合作的政策频繁出台。这特别体现在地方层面，更多文件在2017年和2018年出台，使得政策能在中央和地方层面互相配合推进。二是出台的政策逐渐细化。一方面，中央层面在涉及“一带一路”相关的境外投资、产业升级方面都出台了文件。另一方面，地方一级的政策也与当地条件相结合，一些文件也提到了主要的地方机构。例如，湖南省在《湖南省对接“一带一路”倡议实施方案》中提到，促进优势企业“走出去”，包括政策性银行和商业银行的地方分支机构。三是国家层面设立的各类投资基金成为支持产能合作的重要形式。我国与“一带一路”沿线国家和地区在能源、金融和产能合作领域达成广泛共识，在国家一级设立的各种投资基金已经成为支持产能合作的重要模式之一。

2. “一带一路”产能合作的金融支持现状

（1）国内合作

2017年11月8日，国家发改委分别与国家开发银行、中国出口信用保险公司、中国工商银行、中国银行、中国国际金融股份有限公司签署《关于协同推进“一带一路”产能合作框架协议》，建立推进“一带一路”产能合作协同机制①。国家发改委要发挥在“一带一路”产能合作领域的统筹协调职能，各金融机构完善并提高综合性国际金融服务的专业优势；各方通过政策引导、业务协作、信息共享，不断提升“一带一路”产能合作融资、保险及多元化金融服务水平，加快形成产融结合共同推进“一带一路”产能合作的良好局面。

（2）国际合作

当前，我国与“一带一路”沿线国家和地区的金融合作包括央行

① http：//www. crd. net. cn/2017 – 11/10/content_ 24708100. htm.

与其他国家签订的货币互换等合作协议，亚洲基础设施投资银行（亚投行）、金砖银行和丝路国际银行等多边金融机构和基金。同时，“走出去”的政策性和商业性银行为“一带一路”沿线国家和地区提供贷款，也为企业和居民提供配套融资服务和其他金融服务。

（a）我国央行与沿线国家和地区央行签署货币互换协议

根据央行网站信息，截至2019年末，我国央行已与22个沿线国家和地区签署了货币互换协议，并与部分国家和地区续签及展期货币互换协议，总规模约金额2.15万亿元人民币（见表3）。

表3　　我国央行与主要国家和地区签署货币互换情况

国家和地区	互换规模
土耳其	120亿元人民币/50亿土耳其里拉
巴基斯坦	200亿元人民币/3510亿巴基斯坦卢比
印度尼西亚	2000亿元人民币/440万亿印度尼西亚卢比
斯里兰卡	100亿元人民币/2250亿斯里兰卡卢比
马来西亚	1800亿元人民币/1100亿马来西亚林吉特
匈牙利	100亿元人民币/4160亿匈牙利福林
俄罗斯	1500亿元人民币/8150亿俄罗斯卢布
哈萨克斯坦	70亿元人民币/2000亿哈萨克斯坦坚戈
泰国	700亿元人民币/3700亿泰铢
白俄罗斯	70亿元人民币/16万亿白俄罗斯卢布
卡塔尔	350亿元人民币/208亿里亚尔
塔吉克斯坦	30亿元人民币/30亿索莫尼
阿联酋	350亿元人民币/200亿阿联酋迪拉姆
阿尔巴尼亚	20亿元人民币/342亿阿尔巴尼亚列克
埃及	180亿元人民币/470亿埃及镑
塞尔维亚	15亿元人民币/270亿塞尔维亚第纳尔
蒙古	150亿元人民币/5.4万亿蒙古图格里克
亚美尼亚	10亿元人民币/770亿德拉姆
乌克兰	150亿元人民币/540亿乌克兰格里夫纳

续表

国家和地区	互换规模
乌兹别克斯坦	7 亿元人民币/1670 亿乌兹别克苏姆（已失效）
欧洲央行	3500 亿元人民币/450 亿欧元（2019 年 10 月 25 日再次展期）
新加坡	3000 亿元人民币/640 亿新加坡元（2019 年 5 月 13 日续签）

资料来源：中国人民银行（截至 2019 年 12 月 31 日）。

（b）主导或参与多边合作框架

2017 年，我国财政部与亚洲开发银行、亚洲基础设施投资银行、欧洲复兴开发银行、欧洲投资银行、新开发银行、世界银行集团 6 家多边开发机构签署关于加强在“一带一路”倡议下相关领域合作的谅解备忘录。2019 年，我国财政部联合亚洲基础设施投资银行、亚洲开发银行、拉美开发银行、欧洲复兴开发银行、欧洲投资银行、泛美开发银行、国际农业发展基金、世界银行集团成立多边开发融资合作中心。

目前，我国参与搭建各类区域金融合作平台有中印财金对话机制、孟中印缅地区合作论坛，上合组织银联体、金砖国家银行合作机制等①。

中国人民银行协助“东盟与中日韩宏观经济研究办公室”，致力于推动《清迈倡议》，通过实施货币互换和加强区域宏观经济风险监测，增强区域金融的稳定性。2019 年，中国人民银行与欧洲复兴开发银行签署加强第三方市场投融资合作谅解备忘录。截至 2017 年末，中国银保监会已与 32 个“一带一路”沿线国家和地区的金融监管当局签署了 MOU 或合作换文。这是各国金融监管当局之间签署的关于建立正式信息共享和监管合作机制的共识文件。截至 2020 年 1 月底，我

① https：//baijiahao. baidu. com/s？ id = 1634012157932427348&wfr = spider&for = pc.

国已经同138个国家和30个国际组织签署200份共建“一带一路”合作文件[①]。中国人民银行与世界银行集团下属的国际金融公司、泛美开发银行、非洲开发银行和欧洲复兴开发银行等多边开发机构开展联合融资，截至2018年底已累计投资100多个项目，覆盖70多个国家和地区。2017年11月，中国—中东欧银联体成立，成员包括中国、匈牙利、捷克、斯洛伐克、克罗地亚等14个国家的金融机构。2018年7月、9月，中国—阿拉伯国家银行联合体、中非金融合作银行联合体成立，建立了我国与阿拉伯国家之间、非洲国家之间的首个多边金融合作机制。

2019年4月25日至27日，第二届“一带一路”国际合作高峰论坛在北京举办。在高峰论坛期间，我国与“一带一路”沿线国家和地区签署了一系列的多双边合作文件、建立了多边合作平台，成果显著。例如，中国进出口银行与瑞穗银行、渣打银行等同业机构签署“一带一路”项下第三方市场合作协议；我国与联合国南南合作办公室、南南合作金融中心共同成立“空中丝绸之路南南合作伙伴联盟”，签署合作协议；我国与英国、法国、新加坡、巴基斯坦、阿联酋、中国香港等有关国家和地区主要金融机构共同签署《“一带一路”绿色投资原则》；中国国际贸易促进委员会、中国国际商会与欧盟、意大利、新加坡、俄罗斯、比利时、墨西哥、马来西亚、波兰、保加利亚、缅甸等30多个国家和地区的商协会、法律服务机构等共同发起成立国际商事争端预防与解决组织；中国国家开发银行成立中国—拉美开发性金融合作机制等[②]。

---

① https://www.yidaiyilu.gov.cn/info/iList.jsp?tm_id=126&cat_id=10122&info_id=77298.

② http://www.xinhuanet.com/world/2019-04/28/c_1124425293.htm.

（c）国际金融机构和各类基金

为支持“一带一路”建设，我国与相关国家共同创立了亚洲基础设施投资银行（亚投行）、金砖国家新开发银行和丝路国际银行，为“一带一路”项目提供资金支持。与此同时，丝路基金的设立，金融机构人民币海外基金业务规模的扩大，以及中非合作基金、中哈产能合作基金的运作，均为“一带一路”建设提供了有力资金支持。此外，一些地方还设立了“一带一路”产业投资基金。

截至2019年11月，丝路基金已通过股权、债权等方式多元化融资，目前已签约34个项目，承诺投资金额约123亿美元[①]。丝路基金约70%的承诺投资额投资于“一带一路”沿线国家和地区的基础设施项目，承诺投资金额的70%以上是股权投资[②]。

为了顺应市场需求，中国人民银行于2018年12月对人民币海外基金业务进行了扩容。具备展业资格的银行类机构已扩展至各股份制商业银行，还新增八个地区为试点地区，区内金融机构经当地中国人民银行分支机构备案后，可自主开展人民币海外基金业务。截至2019年第一季度末，人民币海外基金业务规模达3000多亿元人民币。投资范围覆盖交通运输、电力能源、金融业和制造业等重要行业。此外，试点金融机构还积极发起成立了7只人民币海外基金实体，规模合计约500亿元。2015年12月14日，丝路基金与哈萨克斯坦出口投资署签署框架协议，并出资20亿美元，建立中国－哈萨克斯坦产能合作专项基金，这是丝路基金成立以来设立的首个专项基金。2019年，中哈产能合作基金投入实际运作，签署支持中国电信企业参与“数字哈萨克斯坦2020”规划合作框架协议（见表4）。

① http：//finance. sina. com. cn/roll/2019－11－04/doc－iicezzrr7203129. shtml.

② https：//baijiahao. baidu. com/s？ id＝1631440286839072671&wfr＝spider&for＝pc.

表4　　部分我国签署的合作专项基金和投资基金情况

基金名称	设立时间	签署国家	初始规模
中国海洋战略产业投资基金	2016年10月24日	中国香港发起，迪拜企业支持	首批将募集300亿元人民币
“澜湄合作”专项基金	2017年12月21日	中国、柬埔寨	732万美元
“澜湄合作”专项基金老方项目协议	2018年1月2日	中国、老挝	5年提供3亿美元支持中国、柬埔寨、泰国、老挝、缅甸、越南六国提出的中小型合作项目
中欧共同投资基金	2018年4月	中国、欧盟	首期6亿欧元
广西东盟“一带一路”产业投资基金（筹）	2018年5月16日	中国、新加坡、法国	总规模100亿元人民币，首期规模20亿元人民币
澜湄合作专项基金缅方项目协议	2019年1月23日	中国、缅甸	
刚果（布）国家发展基金	2019年2月28日	中国、刚果	
澜湄合作专项基金泰方项目协议	2019年3月20日	中国、泰国	
地区合作发展投资基金	拟建立	中国、俄罗斯	总规模1000亿元人民币
联合投资基金	拟建立	中国、沙特	200亿美元
中哈产能合作基金	2017年5月	中国、哈萨克斯坦	20亿美元

资料来源：课题组收集。

（d）金融机构的支持

在支持“一带一路”项目方面，金融机构也增加了对企业的支持，包括政策和商业金融机构。其中，政策性金融机构主要对大项目“走出去”提供重大支持，其贷款对象主要重大项目。截至2018年末，作为我国最大的政策性银行，国家开发银行在“一带一路”沿线国家和地区累计发放贷款已逾1900亿美元，为600多个“一带一路”

项目提供了融资。截至2019年9月底，国家开发银行在“一带一路”沿线国家和地区的国际业务余额超过1600亿美元，重点支持基础设施互联互通、产能合作、社会民生等领域的发展[①]。中国进出口银行设立了“一带一路”专项贷款额度（折合人民币100亿元）和“一带一路”基础设施专项贷款金额（300亿元人民币）。截至2019年4月，中国进出口银行有1800多个支持“一带一路”建设的项目正在实施，贷款余额超过人民币1万亿元[②]。中国信保成立了专门的国别风险研究中心和资信评估中心，资信数据库覆盖5000万家我国企业数据、超过一亿家海外企业数据、3.4万家银行数据。自2013年以来，中国信保支持我国企业向“一带一路”沿线国家和地区出口和投资达到7124.3亿美元，业务范围覆盖沿线所有国家，为“一带一路”项目出具保单2300多张，累计向企业支付赔款超过27亿美元[③]。

此外，商业性金融为商业性对外产能合作项目提供支持，企业可选择商业性贷款、境外发行债券和境外IPO等多种方式筹措资金。根据银保监会年报，截至2019年底[④]，已有11家中资银行在29个“一带一路”沿线国家和地区设立80家一级机构。根据2018年工、农、中、建、交五大银行的年报，这五家银行境外资产和税前利润总计分别为13.7万亿元人民币左右和1250亿元人民币左右。在境外发行债券方面，根据国际清算银行统计，2019年第二季度，我国非金融机构发行海外债券的规模增加266亿美元，余额为5388亿美元；我国的国际银行信贷总规模为8155亿美元（按照最终偿债风险ultimate risk原

① https://baijiahao.baidu.com/s?id=1648284376096910186&wfr=spider&for=pc.

② https://www.sohu.com/a/308850723_123753.

③ http://www.xinhuanet.com/money/2019-04/24/c_1124411061.htm.

④ 2020年全国银行业保险业监督管理工作会议新闻稿报道。

则）。同时，我国的证券公司也为“走出去”企业提供债券承销、保险和咨询服务。国泰君安和其他证券公司利用其在集团的海外注册公司为我国企业提供海外债券承销业务，并帮助我国企业为海外债券融资。在海外IPO方面，截至2018年底，共有268家国内企业在海外上市[①]。

（二）金融支持“一带一路”面临的主要问题

1. 缺乏顶层设计，国家间的金融合作仍有改进的空间

“一带一路”沿线涉及国家和地区数量较多，在国家体制、法律制度、产业发展阶段和市场体系方面均存在差异。目前，虽然国家有一定的关于产能合作的政策，但在金融支持方面缺少一个完整的、具有引领作用的、并与国际产业链重构和国际产业重新布局相适应的金融支持的框架政策，缺乏一个金融支持产能合作的顶层设计。这个问题也体现在“一带一路”沿线国家和地区的金融合作方面。作为支持“一带一路”的国家级金融合作，只有在更深层次、更多角度和更高层面的基础上，才能使金融对该行业的支持更加充分。目前，沿线国家和地区在法律、监管制度、交易规则、支付系统等金融基础设施方面的联通不够深入，导致本币跨境清算、结算不够通畅，降低了金融交易的便利性，这也将金融服务局限在传统领域，进一步限制了融资工具的创新。同时，各国的法律体系、会计准则兼容性不足，难以形成合力。具体来说，一是货币互换目前主要集中于与我国有密切经贸往来的亚洲地区，其他“一带一路”沿线国家和地区的货币互换业务较有限。而我国货币互换的额度也多数分配给中国香港、韩国等发达

① 证监会2018年年报。

国家和地区，尚无法满足“一带一路”国家和地区对人民币的需求。二是部分金融合作协议存在一定的局限。例如《清迈协议》仅局限在东南亚、东亚地区，而“一带一路”的拉美地区，其地区风险较高，保障却不足。此外，《清迈协议》的额度也有限。目前，我国现有的金融合作和货币互换协议并没有有效地满足“一带一路”沿线的需求。三是仍然需要促进人民币国际地位的提高并发挥更大的作用。目前，人民币国际化的程度尚与美元和欧元等国际货币有较大差距，尤其是在“一带一路”沿线国家和地区的使用份额仍较低。

2. 国际环境仍面临较多风险，预警机制尚不健全

（1）产能合作面临复杂多变的国际环境

一方面，金融危机后国际格局的变化对产能合作有潜在影响。在全球化的背景下，金融危机对国际市场的影响更大。2008 年金融危机带来的影响至今尚未完全消除。由于 2020 年年初新冠肺炎疫情的影响，全球金融市场震荡加剧，全球经济深度衰退的可能性进一步提高。通常全球性经济危机过后，国际经济格局将发生新变化。这使得我国“一带一路”倡议的国际环境面临多种不确定性，也使得我国对外投资的风险增加，金融机构的经营风险加大。同时，我国及周边国家也面临金融安全问题。因此，在“一带一路”的背景下，在国外运营的企业所面临的国际环境将变得更加复杂，使得我国企业在产能合作上更加谨慎。

另一方面，企业境外经营的国别风险较高。参与“一带一路”倡议的国家和地区在经济发展水平方面差异很大。更多的是经济欠发达的国家和地区，它们的经济实力普遍不强。与此同时，一些国家和地区政治不稳定，因此这些国家和地区缺乏明确的长期发展计划。同时，各国产业发展阶段也不相同。尽管这些国家和地区对产能合作有很高的需求，但很难保证它们的信誉。考虑到重大项目资金投入数量大、时间长、未来收益不确定等特点，在这些国家和地区的项目存在一定的国别风险，使我国企业在东道国经营存在较大的不确定性。

（2）我国风险预警机制尚不健全

全球性风险和国别风险的影响，使金融风险爆发的方式较以前有了较大变化，风险更加多样，进而可能引发区域性或全球性金融风险，影响全球经济社会的发展。因此，我国需要具备较强的风险预警机制。然而，我国目前的金融风险预警机制与发达国家相比还有较大差距。例如，我国商业银行缺乏在国际经营过程中的风险防范经验，也缺少风险防控指导和科学防范措施。由于缺少足够的风险分析经验，金融机构相关部门人员往往需要基于更多的主观判断，而缺少全面合理的分析。同时，我国金融机构在风险管控的过程中，针对国际经济形势变化的分析也经常存在不足，影响了风险管控的效率。此外，我国各个金融机构对于境外经营的风险，也多基于本机构的经验，缺乏各主体间的有机、高效的配合。这就使得金融机构整体难以实现资源的合理利用与高效配置。同时，信息共享程度不足、工作效率不高等因素，也制约了金融机构在“一带一路”沿线国家和地区的业务拓展。从企业角度看，我国在“一带一路”沿线投资企业的资源相对有限，信息存在障碍，独立建立风险评估及预警机制存在较大难度。由于缺乏相关风险预警机制，“一带一路”背景下我国对产能合作的金融支持面临更多不确定性。

3. 资金供给更多依赖政策性融资，资金成本相对较高

一是资金供给不足。一方面体现在总量上的不足。在“一带一路”产能合作中，由于项目周期长、收入有限，企业需要大规模长期稳定的资金。然而，境外经营的企业往往在经营地缺少足够的信誉保证和资产担保，在当地筹资的成本较高。目前，我国企业大多从国内筹集资金，采用内部保险和外部贷款的模式，但国内直接和间接金融支持和出口信贷规模有限，审批程序相对烦琐。二是“一带一路”建设的主要资金来源更多地集中在政策贷款和政策机构上，并且没有很好地动员市场导向的资金参与。这使得项目涉及国家的财政负担过大，难以长期持续为项目提供资金支持。同时，资金的缺乏也导致企业融资成本偏高，而获取的贷款资金利率与发达国家相比也较高。三是主要的“一带一路”项目融资通过贷款，债券相对缺乏。而我国金融市场尚不成熟，资本市场不够发达，金融支持的市场化程度不高，国际化程度仍有待提高，场外市场发展滞后，对产能合作的支持力度不足，无法有效满足企业“走出去”以及国际化经营的各类需求，为金融机构开展业务提供便利。四是即使企业在国内获取资金，也面临着手续相对烦琐的融资审批过程，无法完全并及时地满足企业在资金方面的需求。

4. 金融机构尚不能完全满足企业需求

由于我国企业在“一带一路”产能合作过程中所需的资金多数来自国内，因此国内金融机构的支持能力对于企业需求至关重要。虽然我国支持“一带一路”产能合作的金融机构包括了政策性金融机构、大中小型商业银行及担保、保险机构等，但与发达经济体国际化程度较高的金融机构相比，我国金融机构历史较短，在机构设置和配套措施等方面存在不足，尚不能完全满足企业的需求。一是海外机构网点较少，辐射范围有限，且海外分支机构的金融服务效率和质量不高。二是产品创新缺乏规划，研发能力不足，个性化产品较少。近些年来我国商业银行多采用传统融资方式，信用证结算和保理业务等在我国仍处于发展初级阶段，推广不足。三是证券和保险等非银行金融机构参与度有限，为企业提供咨询和顾问类的服务较少。直接融资和间接融资、境内融资和境外融资不均衡。例如，在调研中发现，有些企业的对外项目，保险机构的参与度有限。四是金融机构缺少合作，包括政策性银行和商业性银行之间，银行和非银行之间，难以提供包括银团贷款、出口信贷、保理等一整套金融产品。

5. 缺乏足够的风险缓释手段，风险补偿不足

首先，企业境外经营过程中面临国别风险。“一带一路”沿线多为发展中国家，主权违约风险较高，我国多数金融机构难以承担。同时，部分国家受国内政治局势动荡、经济发展模式不持续等问题的影响，政策的连续性和稳定性均有所欠缺，容易出现主权债务危机、银行危机和风险交叉传染问题，对“一带一路”倡议推进造成阻碍。同时，受限于政治、民俗、行业、政策、法律等各种因素，企业在海外经营存在信息不对称现象，特别是我国企业投资多集中在风险较高的新兴经济体。其次，企业也面临外汇风险。在工程建设、国际贸易和融资借贷等方面均可能因外汇波动而产生损失。同时，经营当地外汇资本若存在对资本流动的限制，会导致企业资金无法汇出或回国。目前，国内企业对汇率波动的风险管理处于相对被动的状态，反应相对滞后。最后，企业面临合规风险。在海外运营过程中，由于对当地监管体系和政策及其变化了解不足，企业可能面临更大的合规风险。目前，我国企业主要靠中国信保提供的政策性保险业务，缺少有效的市场化避险工具。然而，中国信保的补偿规模有限，对参保企业的门槛较高，业务覆盖面较窄，难以支持企业对风险缓释和风险控制的需求。

三、产能合作金融支持的国际经验

“一带一路”的产能合作涉及多个领域。如何发挥在“一带一路”建设中的产能合作和金融支持作用，可以借鉴其他国家的成功经验。从国际角度来看，企业的深度合作模式大多被美国、德国、日本等国家所采用。其金融资本“率先”在合作中检验机会和风险，其次是产业资本，即金融资本和产业资本一起“走出去”。其中，金融机构的帮扶作用越来越重要，从中获得的国际经验对促进产能合作有一定的启示。

（一）世界主要国家对外直接投资和产能合作介绍

18 世纪 60 年代，英国成为世界制造业中心。从 19 世纪下半叶到 20 世纪初，第二次工业革命的发展使德国成为第二个世界工厂。第二次世界大战后，美国进一步确立了其在全球经济中的主导地位，成为第三个世界工厂。20 世纪 80 年代中期，日本经济迅速发展，取代美国成为新的世界制造业中心。21 世纪初至今，中国被认为是新的世界工厂。在每一次产业转移的背后，金融支持都是不可或缺的关键力量，此处介绍几个世界主要国家的情况。

1. 美国

从对外直接投资的国家分布来看，美国跨国企业（MNEs）几乎在每个国家进行投资。在对外直接投资中，其对荷兰投资额最大，达 8832 亿美元，其次是英国 7578 亿美元，卢森堡 7138 亿美元，爱尔兰 4422 亿美元和加拿大 4019 亿美元（见图 1）。

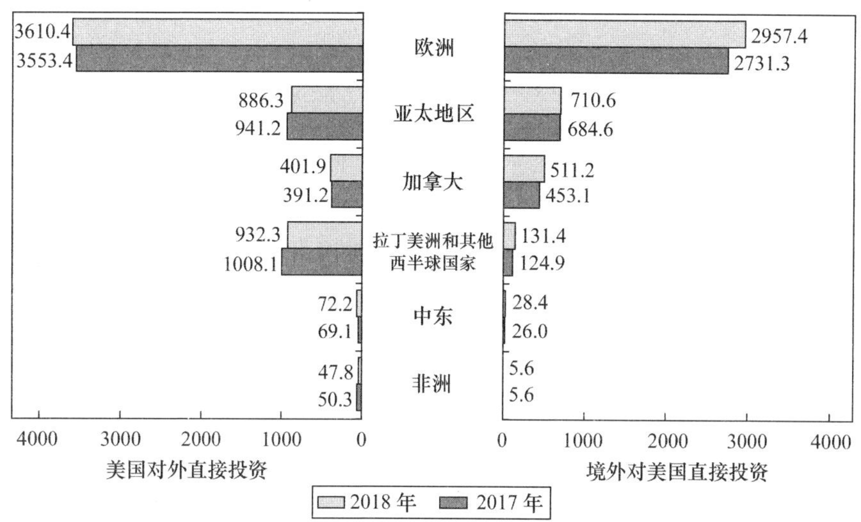

图 1　对外直接投资在美国和国外的分布情况（2017 年和 2018 年）

资料来源：美国商务部经济分析局。

而从对外直接投资的行业分布来看，控股公司（非银行）投资金额最高，达 27795 亿美元，占比 47%。其次是金融和保险投资占 15%，制造业占 15%，其他行业占 7%，信息占 5%，批发贸易占 4%，矿业占 3%，专业科技服务占 2%（见图 2）。

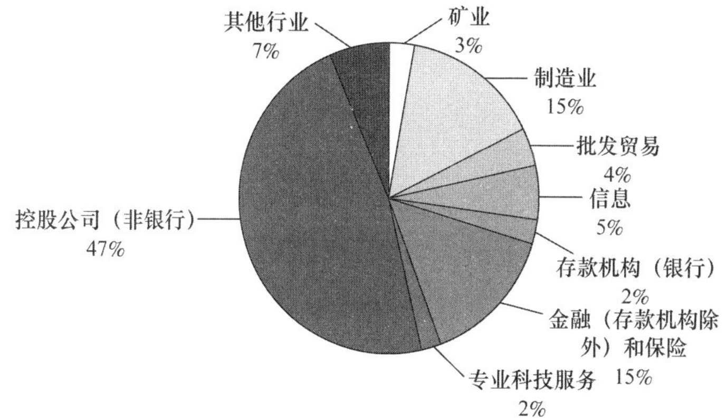

图 2　美国 2018 年 FDI 行业分布占比情况

资料来源：美国商务部经济分析局，课题组整理。

2. 日本

（1）日本产业发展和对外直接投资情况

自21世纪以来，日本制造业占其名义GDP的份额在20%左右。日本以高技术作为支撑，发挥其比较优势，大力发展制造业，提高其技术制造水平，从而占据了全球价值链的高端。而第三产业以面向企业的生产性服务业作为主力发展方向。其中金融保险业、信息通信业及运输业等行业因长期受到政府保护而成为支持第三产业发展的中坚力量。同时，近年来日本也大力推进金融市场化改革，恢复银行职能，着重培养多层次的资本市场。日本的改革措施包括规范法律和制度建设，调整名义GDP中银行信贷和资本市场的各自占比，重点提升资本市场的比重，使日本的金融市场从“银行业集中型”向“市场型间接金融”过渡。从而调整了资本市场的结构，为日本新兴产业提供了更加灵活、广泛的融资渠道，增强了市场经济活力。

自2008年金融危机以来，日本对外直接投资净流出呈现先减少后增加的趋势。2016年日本FDI与GDP之比的比例最大，达3.63%。2017年、2018年占比呈下降趋势（见图3）。

（2）日本产能合作特点

日本企业的国际化之路从最初的出口导向逐渐转向海外直接投资替代出口，然后走向国际价值链布局。它的产业转移方向与美国、德国和其他国家相反，它首先从发展中国家转移到发达国家，最后转移到全世界。其产业转移区域的选择具有一定的特殊性。

日本的国际产业合作从合资建厂一步一步转变为散件组装，到一体化生产、收购兼并和委托加工，最后设立研发中心。随着日本企业的投资规模不断增加，产业升级持续进行，逐渐形成了以家电、汽车和半导体等劳动密集型产业为主导的实体经济体系，家电和汽车是典型代表。

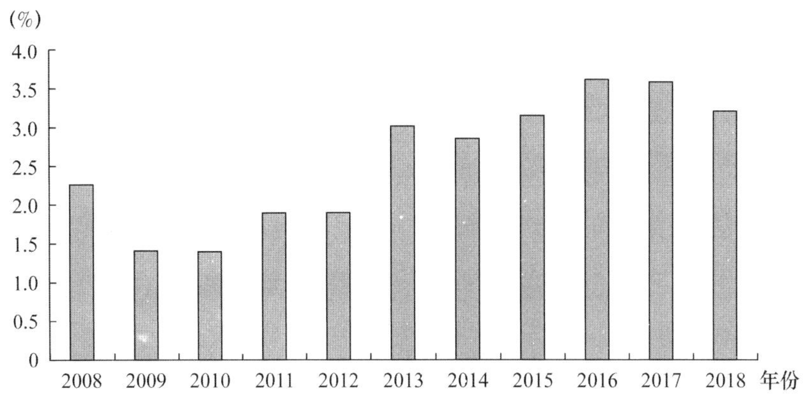

图3　2008～2018年日本对外直接投资净流出占GDP之比

资料来源：EPS数据，课题组整理。

3. 德国

（1）对外直接投资情况

自2013年以来，德国对外直接投资存量仍保持递增趋势，但增速开始变缓，2017年德国海外直接投资存量的增长明显慢于上一年。德国直接投资最大份额仍然投资于欧盟以外的国家（见图4）。

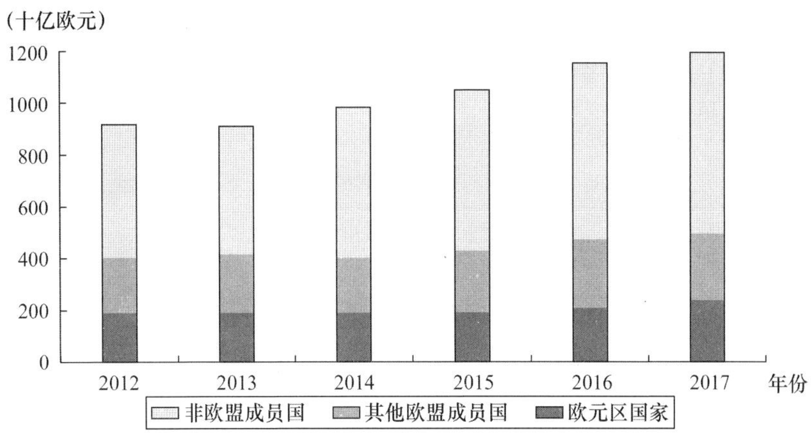

图4　2012～2017年德国对外直接投资存量

注：数据为年末值。

资料来源：德国央行网站。

2018年德国直接投资的一半仅流向3个国家（荷兰、美国和爱尔兰）。此外，德国直接投资的75%集中在7个国家，其中主要投资地区占比分别为欧元区占64%，美国占17%，欧盟中非欧元区占7%，欧元区中非欧盟占5%，亚洲占4%，非洲占2%，大洋洲和拉丁美洲占1%，具体如图5所示。

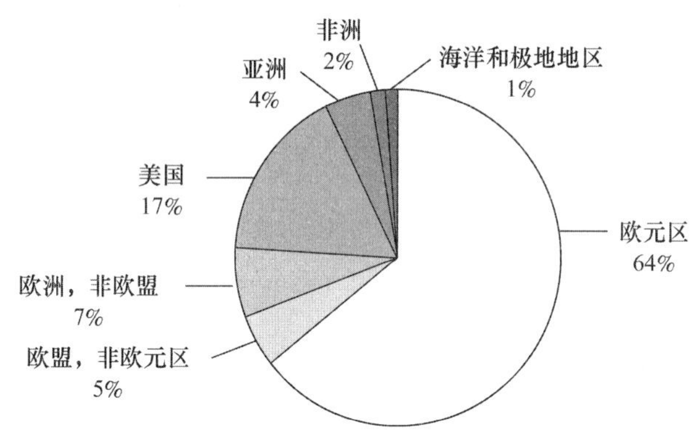

图5　德国2018年新增对外直接投资地区分布

资料来源：德国央行网站。

2018年德国对外直接投资涉及11个行业，在新增投资中占比最大的是制造业，约为386亿欧元，其次是对外投资金融与保险业，约为348亿欧元，科技文卫对外直接投资约为232亿欧元，其余行业占比较小，具体如表5所示。

表5　德国2018年新增对外直接投资涉及行业　单位：百万欧元

对外直接投资涉及行业	新增投资额	对外直接投资涉及行业	新增投资额
制造业	38615	金融与保险业	34882
科教文卫	23242	零售业	2646
电力能源	1032	矿业	316
信息	244	房地产	187
行政和支持服务活动	114	农、林、渔业	26
教育	19	公共行政和国防及强制性社会保障	2

（2）产能合作和产业转移

“二战”后，德国（西德）经济得到了快速发展，产业对外转移于20世纪50年代左右开始，大致经历了三个阶段。

首先是制造业快速恢复发展阶段。20世纪五六十年代，“二战”后德国的衰败为建筑业和非军事工业的发展创造了条件。到1970年，制造业占国内生产比重高达57.6%，优势明显。这一阶段，德国主要任务在于国内建设，也出于国内大规模恢复建设需要，德国将能源、机械、建筑以及化学研究作为支柱产业，而此时德国对外直接投资较少。

20世纪七八十年代，德国进入第三产业化阶段。由于劳动力成本增加，制造业成本也水涨船高，德国开始向外转移中低端产业，寻求海外廉价劳动力，进行产能合作。其转移过程主要采取了绿地投资方式，利用周边国家相对优惠的物流成本和地产成本、较低的人工成本以及便宜的零配件，来确保制造业的竞争力。其周边国家也获得了发展急需的就业机会、资本和技术，实现双赢。到1975年，由于制造业的转移，第三产业成为德国的最大产业，比重达到53%，而制造业下降到44.8%。在这一阶段，德国将发展重点放在微电子工程、光电复合、机电工程、航空航天、海洋开发、生物科技以及材料开发等为标志的新兴技术。至此，20世纪80年代后，德国对外投资进入高速增长期。

目前德国处于新经济阶段。自20世纪90年代以来，德国的新经济发展迅速，第三产业比重达到68.6%。同时德国将发展重点放在计算机和信息产业，在国际背景下，又同时重点发展绿色经济领域。德国对外投资发展进入了波浪式增长阶段。

（二）金融扶持产能合作的国际经验

1. 各国政府扶持企业“走出去”的金融政策

从国际上看，各国在积极推进产能合作的同时，不断促进企业走出去，从而制定了适合各国自身企业发展的金融扶持政策，具体如表6所示。

表6 各国扶持企业“走出去”的金融政策

国家	主要内容
美国	1. 出口信用险——对外信贷保险协会作为进出口银行的代理，代表该行销售和管理出口信贷保险单据 2. 海外投资保证制度 3. 根据中小企业法成立中小企业管理局 4. 设立中小企业投资公司 5. 进出口银行十分重视扶持中小企业出口 6. 提供优惠贷款、支持对外直接投资，如海外私人投资公司
日本	1. 开展出口信贷和担保业务 2. 提供优惠贷款，支持对外直接投资，如海外经济协力基金 3. 直接资金支持 4. 税收优惠和保护
德国	1. 签订了投资促进与保护双边协议 2. 投资可以享受国民待遇和最惠国待遇 3. 保证资本和盈利的自由汇出
英国	1. 专门促进中英之间贸易与投资的中介组织 2. 为海外投资企业避免风险的机构 3. 英中贸易协会设立“英中商务网”

注：课题组参考相关资料整理。

2. 美国产能合作中的金融扶持

（1）提供财政金融支持

公司自有资金、银行及金融机构贷款是美国企业对外直接投资的主要资金来源。其他资金来源主要包括进出口银行和海外私人投资公司等提供的贷款。进出口银行主要为工业设备、原材料及劳动力提供信贷服务，保证大型海外投资项目的开展。海外私人投资公司（OPIC）主要负责发展中国家和新兴国家市场企业的海外投资基金支持，它还提供美国政府的长期政治风险担保作为信用担保和有限追索权的项目融资贷款，进一步帮助美国工业开拓海外市场。

（2）提供税收优惠政策

20 世纪初，美国实施税收优惠政策，鼓励企业直接对外投资。此后，为进一步扩张企业对外直接投资规模，税收优惠政策经多次修改，成为美国主要的对外金融扶持工具。其主要包括所得税优惠政策和关税优惠政策。前者包括分类的综合限额税收抵免、延迟纳税和经营性亏损结转；后者是指当使用美国生产并出口加工的机器部件、办公设备、无线电设备及零部件等商品，再重新进口时可享受相关税收减免，仅按其在国外的增加值征收进口税。

3. 日本产能合作中的金融扶持

“二战”后，日本处于经济复苏时期，在此阶段，日本重点推进重工业化的发展，但其投资规模大、周期长，战后日本的资本积累水平无法满足重工业化的发展需求。为此，日本实施了由政府主导的政策性金融支持政策，主要包括信贷配给制度、利率控制、利息补贴和直接金融控制。对内，日本实施的信贷配给支付、利率管制及利息补贴等价格调控措施，保证了企业的资金需求，推动了产业的发展；对外，日本通过直接金融管制、分业经营等措施营造了较为有利的金融市场环境，满足了企业对外扩张的需求。通过内外金融支持政策的结合，促进了产业间的合作和重工业产业结构的发展。

在经济快速增长时期，日本主要通过间接融资体系促进产业结构升级、同时进一步深化银行与企业之间的联系。银行系统是为企业提供低成本融资的主要渠道，成为促进日本产业结构升级，确保日本经济快速增长的主要来源。在此期间，来自银行系统的间接融资方式占日本设备投资的 70% ~80% 。1959 ~1970 年，以间接融资方式设备投资金额达 142. 5 万亿日元，以每年 20% 的速度增长，从而保证了日本经济的迅猛发展需求。

1971 年后，日本先后陷入两次石油危机，经济出现下滑，知识密集型产业不断发展，产业结构急需转型升级，银行体系难以满足高技术产业的资金需求。为保持经济增速，日本实施金融自由化政策。金融自由化改革主要体现在利率市场化上，为保证利率市场化有序推进，在法人利率、国债利率、定期利率得以保证的前提下，确保个人利率、存款利率和活期利率。1981 年，日本完成了一系列的金融改革，完善了资本市场的发展，增加了企业的融资方式，保证日本经济的高速发展。

4. 德国产业合作中的金融扶持

德国的金融扶持体系由德国复兴信贷银行（KFW）、德国投资开发公司（DEG）、德国技术合作公司（GTZ）、德国能源署（Dena）等几家相对独立的投融资机构组成，通过提供符合境外融资需求的金融支持服务，促进德国贸易及投资的发展。而德国政府则作为股东或作为股东之一控制着金融扶持体系的整体运作。德国金融扶持体系虽然按照企业规模进行运作，但是其方向由德国政府管控，在谋求与发展中国家开展合作的同时又不断扩充企业规模，维持企业的盈利。

德国复兴信贷银行（KFW）主要为出口和投资项目提供融资服务。主要包括中小企业对外推广项目、优惠贷款、金融合作等相关金融服务。目前，德国通过复兴信贷集团向全球 100 个国家提供服务，拥有 1800 个项目。德国投资开发公司（DEG）也是复兴信贷集团旗下企业，注重企业长期融资项目。其主要提供融资服务、咨询服务和政府项目。德国通过投资开发公司建立并扩大在发展中国家和经济转型国家中的私人经济结构，实现投资地经济持续发展的目标。

（三）对我国的启示

1. 根据金融体系的特点和阶段，明确金融支持产业合作的策略

从各国推进产业合作的过程来看，各国均以各自金融体系的特点和所处的阶段为基础，确定金融支持的方针和原则，并与国家政策相结合。例如，日本根据其经济周期的不同阶段，确定了不同时期金融支持的方式：经济复苏期以政策性金融为主，经济高速发展期推动商业银行服务国际化企业，经济低速增长期则依托金融改革，大力发展资本市场，为产业合作提供支持。再如，德国一直以来根据其银行主导的特点，始终坚持政策银行主导，商业银行跟进的方式。

2. 金融机构应始终以提升自身能力为重点

从美国、日本和德国的经验来看，如果金融为产业合作提供更好的支持，首先需要改善其金融体系，并注重服务能力的提高。例如，美国发达的、国际化的资本市场支撑了美国金融机构为全球范围内的客户提供服务。同时，业务种类多样，金融产品也不断推陈出新。

3. 财政政策和基础设施建设作为配套

在“一带一路”走出去的过程中，金融支持离不开有效的政策支持和完善的基础设施。例如，资金结算的效率是资金不间断供应的有效保证。再如，美国始终推行的在对外投资领域的税务优惠，一直是支持和鼓励美国企业海外直接投资的重要工具，为促进产业合作提供了重要支持。

四、对金融进一步支持产能合作的政策建议

（一）对政府部门的建议

1. 整体规划，协同发展

明确金融支持“一带一路”产能合作的总体规划和长远蓝图，在

较高的层面协调好政府和市场的关系，并对项目进行统筹。同时，整合和利用各种资源，不断扩大“一带一路”产能合作中的金融合作范围，加强各领域合作。一是明确支持的行业和重点，并在具体实施过程中，区分国家项目和一般项目，使得金融机构可以针对不同的项目性质提供不同类型的服务。二是对各类国际金融机构发挥的作用加以区分，明确各自定位。例如，可以建立基于亚洲基础设施投资银行的银行信贷支持系统和基于丝路基金的信托和投资系统等。三是可以通过“一带一路”金融建设高峰论坛或官员与“一带一路”沿线一些国家和地区的会议来推动相关工作。四是与更多国家和地区建立双边货币互换体系，促进双边货币结算，以提高人民币在跨境投资和贸易中的使用份额，包括扩大跨境人民币业务的覆盖范围、扩大跨境贸易和投资人民币结算业务等。

2. 完善风险识别和管理体系，防范金融安全

一是完善危机管理框架和相关操作程序，从区域开始不断完善金融安全网。二是建立风险识别和信息共享平台。应协助企业针对投资和经营当地的情况，识别其国别风险，并将风险识别结果在一定范围内共享，为企业产能合作提供信息支撑。三是建立“一带一路”风险控制体系和风险预警系统。帮助企业在境外经营时能有效管理汇率、利率等方面的风险，解决境外经营的信息不对称问题。四是建立“一带一路”风险处置平台。合理安排跨境风险和危机处置流程，加大对风险的控制力度。五是推动金融机构境外经营合规体系建设，推动我国监管部门进一步加强国际合作。逐步确立“一带一路”沿线监管协调机制，为产能合作项目规范化提供便利。

3. 继续推进汇率市场化改革，逐步放松资本项目管制

推进汇率市场化改革和逐步放松资本项目管制，为企业境外项目提供便利，减少资金成本。一方面，有序提高跨境资本和金融交易可兑换程度；另一方面，进一步推动跨境人民币业务，为企业赴境外上市、境外发债提供便利，防范汇兑风险。

4. 建设金融市场

一是推进“一带一路”资本市场建设。针对“一带一路”需求，继续发展国内资本市场，并与“一带一路”沿线国家和地区合作，共同打造互联互通的资本市场。二是建立“一带一路”债券市场，推动离岸证券市场建设。三是拓宽民间资本流通渠道。鼓励采取 PPP 等公私合营的模式。

5. 培育金融机构

一是通过与国际机构的竞争合作，不断提高我国金融机构的竞争力，增强金融机构国际化经营水平。支持更多有能力的金融机构在海外设立分支机构，完善海外管理和业务人员的配置。对国内金融机构参与国际金融市场给予足够的支持。加强金融机构对东道国情况和政策的研究能力。二是在允许金融混业经营的经济体境内，可考虑借助已经在该经济体内正常经营的“走出去”银行所获得的牌照优势，实现证券、保险在更大地域范围内“走出去”。三是推动“一带一路”区域投融资平台建设，推动丝路基金、投资基金、援助贷款基金的投资“落地”。四是加快建立和完善国内金融体系和项目保险机制，使保险机构在支持产能合作方面发挥更大作用。五是鼓励金融机构协同发展。鼓励金融机构立足自身职能定位及业务优势，提升利用和整合海外金融资源的能力，充分发挥协同效应，推动形成金融机构间的常态化合作机制。

6. 完善金融基础设施等配套体系

一是支持除银行外的各类金融机构以及评级、会计和法律等服务机构“走出去”，服务“一带一路”项目。推动中介服务机构和金融机构共同在国际市场上形成各类金融机构和中介服务机构的协同运作机制。二是加快信用体系建设，建设国家风险数据库。同时，加强对信用信息跨境流动的研究，并加强在征信管理、法律体系、监管规则、会计准则等方面交流合作。三是完善相关的政策法规。政府还可以通过媒体和其他沟通渠道适当宣传相关政策，以增加其外部影响力。四是继续推进“一带一路”跨境支付结算体系的完善，提高资金周转效率。继续拓宽银联的跨境使用范围，增加人民币支付、清算覆盖面，建设优质、高效、安全的支付体系。

（二）对金融和其他机构的建议

1. 拓宽融资渠道，降低资金成本

虽然我国国内利率水平比欧美等发达经济体的利率水平要高，但国内货币政策需要统筹考虑整体国情，不可能短期下降至发达经济体的水平。然而，可以使用其他方式来帮助企业获得资金并降低资金的整体成本。一是充分发挥政策性银行的引导作用，同时让政策性金融机构和商业性金融机构协调发挥作用。政策性金融机构可以对“一带一路”沿线国家和地区产能合作的重点支持地区和重点项目起到引导作用。同时结合市场化机制，适时引入商业性金融机构，完善出口信保等保险和担保，为涉外企业提供更多的担保资源，拓展担保空间，降低经营风险，并创建国际产能合作融资平台，持续推动解决国际产能合作融资问题。二是当金融机构提供资金时，可以通过缩短融资链来帮助企业降低融资成本。三是加强在岸和离岸金融市场之间的联系，发挥联动效应。四是进一步发挥中非基金和丝路基金的作用，鼓励各类股权投资基金和风险投资基金参与。

2. 推动金融创新应用

我国企业参与“一带一路”产能合作项目，在资金需求的同时，对金融服务、金融工具、财务制度设计等方面也有需求。因此，应进一步鼓励金融机构开展金融创新。金融机构应针对自身情况，在业务模式、产品和服务方面不断创新，不断丰富融资手段，不断在竞争中拓展业务空间，满足客户的各项需要。例如，可以针对不同类型的海外投资企业在信息咨询、资金融通、资金管理、风险控制和处置等多种类的金融服务需求，设计对应的金融产品，提供差异化的金融服务，例如离岸金融服务、股权融资、资产抵押贷款等。同时，也应提高金融机构综合服务的能力，特别是金融科技在金融机构国际化经营中的开发与应用。此外，针对“一带一路”沿线部分国家和地区风险较高的情况，应研究适当的金融避险工具，例如期权与期货交易的应用，债券融资工具创新，跨境担保方式创新等。同时，制定相应的保险品种，并提供一定的风险补偿。进一步发挥中国信保的风险缓释作用，不断鼓励保险机构针对“一带一路”企业提供更多的保险产品。

执笔人：张丽平　陈　宁　薄　岩　曹　莉（中央财经大学）
鲁　媛（商务部国际贸易经济合作研究院产业所）

参考文献

[1] 白钦先，高霞．日本产业结构变迁与金融支持政策分析．现代日本经济，2015（2）
[2] 狄娜．中小企业金融扶持看德国．中国中小企业，1999（9）
[3] 樊颖．国外政府扶持企业“走出去”政策支持及其启示．商业时代，2014（12）
[4] 韩涛．试论金融支持实体经济发展的对策．现代营销（经营版），2019（12）
[5] 李国平．日本对外直接投资的发展与结构变化研究．现代日本经济，2001（3）
[6] 李世鹏，朱兴龙．金融支持与“一带一路”倡议下国际产能合作．武汉金融，2018（11）
[7] 申义怀．德国对外直接投资．国际资料信息，1994（6）
[8] 王刚．国际产业转移实践对我国国际产能合作的借鉴．中国商论，2017（26）

[9] 王玄玮，李震．资金融通的风险防范与司法管辖——以“一带一路”为视角．北京政法职业学院学报，2017（4）

[10] 吴思康．“一带一路”的国际产业合作．深圳大学中国经济特区研究中心，“一带一路”国际合作发展（深圳）研究院，深圳市前海创新研究院，中国建设报，2018 世界经济特区发展（深圳）论坛——改革开放再出发论文集（中英文双语），2018

[11] 胥爱欢．“一带一路”建设中主权信用风险的防控——来自欧债危机救助的经验与教训．西南金融，2018（8）

[12] 杨枝煌．加快全面建立“一带一路金融 +”战略机制．国际经济合作，2015（6）

[13] 张春．借鉴欧盟经验　优化长期项目投融资机制．中国证券报，2015 - 06 - 11（A04）

[14] 张莎丽娜（CHEUNG Tingwang）．国际产业转移背景下的中国企业国际化研究．上海社会科学院，2015

[15] 张哲人，李慰，原倩．德国产业升级与转移对推进国际产能合作的启示．中国经贸导刊（理论版），2017（23）

[16] 赵建军．国外扶持企业“走出去”的金融政策及其启示．首都经济贸易大学学报，2005（2）

附件 1

金融服务“一带一路”产能合作涉及的部分中央和地方政策①

（截至 2019 年 12 月底）

一、国家和部委层面的政策

2015 年 3 月 28 日，国家发展改革委、外交部、商务部联合发布了《推动共建丝绸之路经济带和 21 世纪海上丝绸之路的愿景与行动》。这是为了推进实施“一带一路”重大倡议，让古丝绸之路焕发新的生机活力，以新的形式使亚欧非各国联系更加紧密，互利合作迈向新的历史高度。其中，提出了“要营造产能合作亮点”，并在合作重点中提出了“以政策沟通、设施联通、贸易畅通、资金融通、民心相通为主要内容”。

2015 年 5 月，国务院发布了《关于推进国际产能和装备制造合作的指导意见》（国发〔2015〕30 号）。其中，关于金融对产业合作的支持，提到了以下几点。一是在优惠贷款作用发挥方面，提出了“根据国际产能和装备制造合作需要，支持企业参与大型成套设备出口、工程承包和大型投资项目”。二是在加大金融支持力度方面，提出了“发挥政策性银行和开发性金融机构的积极作用，通过银团贷款、出口信贷、项目融资等多种方式，加大对国际产能和装备制造合作的融资支持力度。鼓励商业性金融机构按照商业可持续和风险可控原则，为国际产能和装备制造合作项目提供融资支持，创新金融产品，完善金融服务。鼓励金融机构开展 PPP 项目贷款业务，提升我国高铁、核

① 资料来源：课题组整理。

电等重大装备和产能‘走出去’的综合竞争力。鼓励国内金融机构提高对境外资产或权益的处置能力，支持‘走出去’企业以境外资产和股权、矿权等权益为抵押获得贷款，提高企业融资能力。加强与相关国家的监管协调，降低和消除准入壁垒，支持中资金融机构加快境外分支机构和服务网点布局，提高融资服务能力。加强与国际金融机构的对接与协调，共同开展境外重大项目合作”。三是在发挥人民币国际化积极作用方面，提出了“支持国家开发银行、中国进出口银行和境内商业银行在境外发行人民币债券并在境外使用，取消在境外发行人民币债券的地域限制。加快建设人民币跨境支付系统，完善人民币全球清算服务体系，便利企业使用人民币进行跨境合作和投资。鼓励在境外投资、对外承包工程、大型成套设备出口、大宗商品贸易及境外经贸合作区等使用人民币计价结算，降低‘走出去’的货币错配风险。推动人民币在‘一带一路’建设中的使用，有序拓宽人民币回流渠道”。四是在扩大融资资金来源方面，提出了“支持符合条件的企业和金融机构通过发行股票、债券、资产证券化产品在境内外市场募集资金，用于‘走出去’项目。实行境外发债备案制，募集低成本外汇资金，更好地支持企业‘走出去’资金需求”。五是在增加股权投资来源方面，提出了“发挥中国投资有限责任公司作用，设立业务覆盖全球的股权投资公司（即中投海外直接投资公司）。充分发挥丝路基金、中非基金、东盟基金、中投海外直接投资公司等作用，以股权投资、债务融资等方式，积极支持国际产能和装备制造合作项目。鼓励境内私募股权基金管理机构‘走出去’，充分发挥其支持企业‘走出去’开展绿地投资、并购投资等的作用”。六是在加强和完善出口信用保险方面，提出了“建立出口信用保险支持大型成套设备的长期制度性安排，对风险可控的项目实现应保尽保。发挥好中长期出口信用保险的风险保障作用，扩大保险覆盖面，以有效支持大型成套设备出口，带动优势产能‘走出去’”。

2016 年 12 月，商务部等 7 部门联合下发《关于加强国际合作提高我国产业全球价值链地位的指导意见》。其中，关于金融支持政策，提出了“优化资金配置效率，通过市场化方式引导资金流向高附加值产业，有序扩大服务业对内对外开放，扩大银行、保险、证券及创业投资类企业开放，为企业向价值链高端跃升提供全流程资金支持。推动金融产品和服务创新，鼓励金融机构‘走出去’，完善金融机构海外布局，推动金融服务业向价值链高端跃升，并为企业‘走出去’实现价值链跃升提供相应融资支持”。此外，在其他政策方面，提出了“规范发展互联网金融，为提升我国产业全球价值链地位提供金融支持”。

2017 年 8 月，国家发改委、商务部、人民银行和外交部联合发布了《国务院办公厅转发国家发展改革委商务部人民银行外交部关于进一步引导和规范境外投资方向指导意见的通知》。在金融支持方面，提出了以下几点。一是在对外合作方面，要“有序推进商贸、文化、物流等服务领域境外投资，支持符合条件的金融机构在境外建立分支机构和服务网络，依法合规开展业务”。二是在服务水平方面，提出了“加强与有关国家在投资保护、金融、人员往来等方面机制化合作，要在税收、外汇、保险、海关、信息等方面进一步提高服务水平”。三是在境外投资方面，提出了“在境外设立无具体实业项目的股权投资基金或投资平台”。

2019 年 4 月，推进“一带一路”建设工作领导小组办公室发表《共建“一带一路”倡议：进展、贡献与展望》报告。提出“资金融通是共建‘一带一路’的重要支撑。国际多边金融机构以及各类商业银行不断探索创新投融资模式，积极拓宽多样化融资渠道，为共建‘一带一路’提供稳定、透明、高质量的资金支持”。

2019 年 11 月，国务院发布《关于推进贸易高质量发展的指导意见》，提出“在依法合规、风险可控、商业可持续前提下，支持金融机构有序开展金融创新，提供多样化、综合化金融服务。进一步发挥进出口信贷和出口信用保险作用。稳步提高跨境贸易人民币结算比例，扩大经常项目人民币跨境使用，拓宽人民币跨境投融资渠道”。

此外，2017～2019 年，中国与柬埔寨、缅甸、泰国、老挝等国分别签署了合作专项基金协议，中欧、中英等投资基金也相继设立，中俄、中沙拟建立投资基金，中国与“一带一路”沿线国家和地区就能源、金融和产能合作等领域的合作达成了广泛共识。

二、部分地方配套政策

2018 年 11 月，北京市推进“一带一路”建设工作领导小组发布了《北京市推进共建“一带一路”三年行动计划（2018—2020 年）》（京“一带一路”〔2018〕1 号）。其中，提到了“提升首都金融国际化水平。积极承接国家金融改革开放任务，加快出台并实施首都金融改革系列政策，构建首都绿色金融体系，加快培育发展首都现代金融服务业，积极吸引银行、证券、保险等领域的外资金融总部及支付清算、信用评级等国际金融机构落户。推进北京金融科技和专业服务创新示范区建设，继续办好金融街论坛系列活动，提升国际金融论坛和北京国际金融博览会影响力。加快中关村国家科技金融创新中心建设，大力发展天使投资、创业投资、股权投资，深化中关村境外并购、外债便利化试点，推动实施资本项目便利化政策”。“建立多层次金融服务保障体系。充分发挥亚洲基础设施投资银行、丝路基金、中非基金、中拉基金等国际金融组织集聚效应，积极推动开发性和政策性金融机构加大专项贷款投放力度，争取更加优惠的企业融资支持。做实‘政金企’信息对接平台，建立联席会议制度，提升本市共建‘一带一路’金融一体化服务水平。发挥对外经贸资金作用，建立本市企业海外投资保险统一投保平台，加强企业‘走出去’信用保险服务，增强企业风险防范能力”。“创新金融支持方式。发挥国家金融管理中心功能，有序推动人民币国际化，依托北京金融资产交易所等机构，打造共建‘一带一路’的全国性综合金融资产交易平台，支持‘一带一路’相关国家和地区发行熊猫债等人民币证券产品；加快推进设立人民币国际投贷基金，争取跨境投融资优惠政策，为企业海外投资并购提供市场化、专业化的投融资服务”。

2017 年 11 月，江苏省政府办公厅《关于转发省发展改革委等部门关于进一步规范企业境外投资的通知》（苏政办发〔2017〕142 号）。提出“支持境内有能力、有条件的企业积极稳妥开展境外投资活动，推进‘一带一路’建设，深化国际产能合作，带动国内优势产能、优质装备、适用技术输出，提升我国技术研发和生产制造能力，弥补我国能源资源短缺，推动我国相关产业提质升级”。

2018 年 10 月，山东省人民政府《关于印发山东省现代金融产业发展规划（2018—2022 年）的通知》（鲁政字〔2018〕215 号）。提出“支持省内符合条件的金融机构进一步拓展国际业务和开展国际合作，积极参与‘一带一路’建设。加大对跨国公司的金融支持力度。促进贸易投融资便利化和自由化，助力金融机构和实体企业‘走出去’”。

2017 年 12 月，吉林省发改委《吉林省关于 2017 年推进“一带一路”建设工作进展和 2018 年工作设想的报告》（吉发改城发〔2017〕1026 号）。提出“引导金融机构从融资向融智转变，提供前置增值服务，积极开发供应链金融、本外币一体化服务等金融创新产品。努力拓宽融资渠道，积极引导银行、信托、基金、保险各业对我省‘一带一路’项目的融资支持”。

2016年11月，湖北省人民政府办公厅《关于印发武汉城市圈构建开放型经济新体制综合试点试验实施方案的通知》（鄂政办函〔2016〕104号）。提出“增强金融服务功能。推动银行业金融机构积极发展内保外贷、外汇及人民币贷款、贸易融资、国际保理等综合金融服务，充分发挥内引外联作用，提供覆盖境内外全链条的离在岸一体化服务，提高离岸金融跨境结算便利度。建立知识产权质押融资市场化风险补偿机制，简化知识产权质押融资流程。放宽出口信用保险市场准入，增加服务开放型经济的保险供给”。

2015年9月，《湖南省人民政府办公厅关于印发〈湖南省对接“一带一路”战略推动优势企业“走出去”实施方案〉的通知》（湘政办发〔2015〕80号）。提出“鼓励企业利用中非基金、丝路基金等各类基金支持，开展股权融资，拓宽‘走出去’企业融资渠道。鼓励企业加强与金砖国家开发银行、亚洲开发银行、世界银行、亚洲基础设施投资银行等国际金融机构对接；充分利用欧美等低利率国家融资成本优势，开展境外融资，降低融资成本。支持‘走出去’企业发行债券融资，通过境内外上市进行直接融资。积极对接国家政策性银行，争取优惠贷款。推动中国进出口银行湖南省分行、国家开发银行湖南省分行、中国出口信用保险长沙营业管理部、中国银行湖南省分行、中国工商银行湖南省分行、中国建设银行湖南省分行、中国农业银行湖南省分行等针对‘走出去’企业开发个性化金融产品。探索建立‘走出去’融资担保平台，设立省级‘一带一路’发展基金，撬动社会资本参与，提高财政资金使用效益”。

2018 年 11 月，贵州省人民政府办公厅《省人民政府办公厅关于印发贵州省推动企业沿着“一带一路”方向“走出去”行动计划（2018—2020 年）的通知》（黔府办发〔2018〕36 号）。提出“加强与银行、保险公司等对接，在合规经营、风险可控的情况下，通过提高授信额度、放宽贷款条件、降低贷款利率、开具保函、提供政策性保险等措施为我省企业创造‘走出去’便利条件”。

2016 年 11 月，云南省人民政府办公厅《云南省人民政府关于建设面向南亚东南亚金融服务中心的实施意见》（云政发〔2016〕92 号）。提出“拓宽‘走出去’企业银行融资渠道。鼓励银行机构通过银团贷款、混合贷款、项目融资等方式支持企业开拓国际市场；鼓励商业银行按照‘风险可控、商业可持续’原则加大金融产品创新力度，开展出口信用保险保单融资、出口信贷、海外直贷、内保外贷、福费廷、国际保理等跨境投融资金融业务，完善对客户的延伸增值服务。推广专营机构、信贷工厂、产业链融资等服务模式，提供包括投资融资、兼并收购、咨询顾问等在内的综合性‘一站式’金融服务，提升跨境投资贸易金融服务便利化。鼓励大型银行依托全球机构网络优势，开展境内外机构联动，加大产品创新力度和重点产品推广力度，为‘走出去’企业提供一揽子金融服务”。“拓宽‘走出去’企业直接融资渠道。支持企业根据国家发展战略、有关法律法规政策及自身发展需要到境外上市和发行债券融资。推动发展境外并购基金，鼓励我省各类资本公平参与境外并购重组，拓宽境外并购融资渠道。支持上市公司、挂牌公司通过资本市场募集资金到南亚东南亚国家（地区）投资，与境外开展合作，拓展海外市场”。“加大‘走出去’企业保险服务。扩大出口信用保险规模和覆盖面，创新出口信用保险承保模式，提供风险保障、融资促进、国际市场开拓的政策性专业服务。

加大出口信用保险对自主品牌、自主知识产权、战略性新兴产业的支持力度，促进企业自主开发与国别开发的相互联动。积极开展对大型成套设备出口和海外工程承包保险业务，加大出口信用保险保障项下的项目融资和贸易融资”。

2018年7月，河北省人民政府印发了《关于积极参与“一带一路”建设推进国际产能合作的实施方案》。其中，提到了“对我省重大产能合作项目，报请国家发展改革委协调相关金融、投资、信保和基金等给予综合支持。争取国家发展改革委境外发债支持，为国际产能合作重点项目提供融资服务”。“拓展与国家金融监管部门合作，在境内外融资、项目资金汇出汇入等方面，为‘走出去’企业境外投资提供便利和融资服务。积极推动省内跨国公司参加外汇资金集中运营管理全国试点，灵活运用境内外集团企业资金，有效降低企业资金运营成本；利用国内企业全口径跨境融资政策红利，推动企业用好境外低息借债，解决企业‘融资难，融资贵’的问题；合理利用内保外贷、外保内贷的政策，为‘走出去’的企业解决资金周转困难问题；发挥银行机构外汇贷款优势，为企业‘走出去’提供外汇支持”。“拓宽融资渠道。强化‘政银保’合作服务企业机制，发挥政策性银行融资成本低和相关商业银行国际化专业优势，通过银团贷款、出口信贷和项目融资等多种方式，加大对我省企业境外投资项目的融资支持力度。鼓励相关商业性金融机构积极创新产品，支持符合条件的企业通过发行债券、挂牌上市和融资租赁等方式，拓宽融资渠道。加强与中非基金、丝路基金、东盟基金、中拉基金和中投海外直接投资公司的合作，以股权投资、债务融资等方式，争取融资支持”。“完善信保平台。落实我省与中国信保总公司签署的合作协议，发挥政策性信用保险机构在企业‘走出去’过程中风险防控和保障作用，对我省确定的重大投资项目纳入信保平台，由政府给予一定比例的保费补贴，优先申报纳入国家‘一带一路’重大项目储备库，为企业开展对外投资、海外工程承包、装备出口及劳务输出提供风险管理、损失补偿等服务。引导企业充分利用政策性保险工具提升风险管理水平和融资能力，增强企业国际化经营能力和风险防控能力”。

2019 年 9 月，西安市人民政府印发了《西安市人民政府关于深化中国（陕西）自由贸易试验区西安区域改革创新若干措施的通知》。其中，在深化国际产能合作部分，提出了“完善合作机制”，与“亚洲基础设施投资银行、丝路基金和中非发展基金、中非产能合作基金、中拉产能合作投资基金、亚洲金融合作协会等开展合作”。

附件 2

两次“一带一路”国际合作高峰论坛涉及金融方面的成果[①]

一、第一届“一带一路”国际合作高峰论坛金融方面的成果

（一）丝路基金新增资金 1000 亿元人民币。

（二）中国鼓励金融机构开展人民币海外基金业务，规模初步预计约 3000 亿元人民币，为“一带一路”提供资金支持。

（三）中国国家发展和改革委员会将设立中俄地区合作发展投资基金，总规模 1000 亿元人民币，首期 100 亿元人民币，推动中国东北地区与俄罗斯远东开发合作。

（四）中国财政部与亚洲开发银行、亚洲基础设施投资银行、欧洲复兴开发银行、欧洲投资银行、新开发银行、世界银行集团 6 家多边开发机构签署关于加强在“一带一路”倡议下相关领域合作的谅解备忘录。

（五）中国财政部联合多边开发银行将设立多边开发融资合作中心。

（六）丝路基金与上海合作组织银联体同意签署关于伙伴关系基础的备忘录。丝路基金与乌兹别克斯坦国家对外经济银行签署合作协议。

（七）中国国家开发银行设立“一带一路”基础设施专项贷款（1000 亿元等值人民币）、“一带一路”产能合作专项贷款（1000 亿元等值人民币）、“一带一路”金融合作专项贷款（500 亿元等值人民

① 资料来源：课题组整理。

币）。

（八）中国进出口银行设立“一带一路”专项贷款额度（1000 亿元等值人民币）、“一带一路”基础设施专项贷款额度（300 亿元等值人民币）。

（九）中国国家开发银行与法国国家投资银行共同投资中国—法国中小企业基金（二期），并签署《股权认购协议》；与意大利存贷款公司签署《设立中意联合投资基金谅解备忘录》；与伊朗商业银行、埃及银行、匈牙利开发银行、菲律宾首都银行、土耳其农业银行、奥地利奥合国际银行、柬埔寨加华银行、马来西亚马来亚银行开展融资、债券承销等领域务实合作。

（十）中国进出口银行与马来西亚进出口银行、泰国进出口银行等“亚洲进出口银行论坛”成员机构签署授信额度框架协议，开展转贷款、贸易融资等领域务实合作。

（十一）中国出口信用保险公司同白俄罗斯、塞尔维亚、波兰、斯里兰卡、埃及等国同业机构签署合作协议，与埃及投资和国际合作部、老挝财政部、柬埔寨财政部、印度尼西亚投资协调委员会、波兰投资贸易局、肯尼亚财政部、伊朗中央银行、伊朗财政与经济事务部等有关国家政府部门及沙特阿拉伯发展基金、土耳其实业银行、土耳其担保银行、巴基斯坦联合银行等有关国家金融机构签署框架合作协议。

（十二）中国人民银行与国际货币基金组织合作建立基金组织—中国能力建设中心，为“一带一路”沿线国家和地区提供培训。

（十三）中国进出口银行与联合国工业发展组织签署关于促进“一带一路”沿线国家和地区可持续工业发展有关合作的联合声明。

（十四）亚洲金融合作协会正式成立。

（十五）中国工商银行与巴基斯坦、乌兹别克斯坦、奥地利等国家主要银行共同发起“一带一路”银行合作行动计划，建立“一带一路”银行常态化合作交流机制。

二、第二届“一带一路”国际合作高峰论坛金融方面的成果

（一）中国国家开发银行成立中国—拉美开发性金融合作机制。

（二）中国与英国、法国、新加坡、巴基斯坦、阿联酋、中国香港等有关国家和地区主要金融机构共同签署《“一带一路”绿色投资原则》。

（三）中国财政部联合亚洲基础设施投资银行、亚洲开发银行、拉美开发银行、欧洲复兴开发银行、欧洲投资银行、泛美开发银行、国际农业发展基金、世界银行集团成立多边开发融资合作中心。

（四）中国丝路基金与沙特国际电力和水务公司、中国长江三峡集团有限公司和国际金融公司、美国通用电气公司、新加坡盛裕控股集团建立联合投资平台。

（五）中国丝路基金与欧洲投资基金、法国投资机构 Trial 设立共同投资基金，参与美国 KKR 全球影响力基金、美国华平金融基金、非洲基础设施投资基金三期。

（六）中国丝路基金投资阿联酋迪拜光热电站、哈萨克斯坦阿斯塔纳国际交易所、乌兹别克斯坦撒马尔罕国际会展文旅项目和油气合作项目、亚马尔液化天然气项目，与亚投行合作开展阿曼宽带公司贷款项目。

（七）中国投资有限责任公司与有关国家和企业共同发起新型双边基金，包括中美制造业合作基金、中日产业合作基金、中意产业合作基金、中法产业合作基金。

（八）中国光大集团与有关国家金融机构联合发起设立“一带一路”绿色投资基金。

（九）中国国家开发银行与柬埔寨、哈萨克斯坦、土耳其等国有关机构签署公路、矿产、电力等领域项目贷款协议，与白俄罗斯银行、智利智定银行、斯里兰卡人民银行签署融资合作协议。

（十）中国中非发展基金与北汽福田汽车股份有限公司等机构签署福田非洲汽车投资协议。

（十一）中国进出口银行与塞尔维亚财政部、柬埔寨经济财政部、哈萨克斯坦国家公路公司签署公路项目贷款协议，与孟加拉国财政部签署桥梁、管道项目贷款协议，与阿根廷财政部、几内亚经济与财政部签署电力项目贷款协议，与玻利维亚发展规划部签署铁矿钢铁厂项目贷款协议，与埃及交通部、尼日利亚财政部签署铁路项目贷款协议，与卡塔尔 AL Khalij 商业银行、巴拿马环球银行签署流动资金项目贷款协议。

（十二）中国进出口银行与瑞士信贷银行合作为尼日利亚 MTN 电信项目提供银团贷款，与韩国进出口银行、意大利外贸保险公司、法国贸易信用保险公司等合作为莫桑比克液化天然气项目提供银团贷款。

专题报告八

推进“一带一路”产能合作机制研究

我国与“一带一路”沿线国家和地区产能合作已取得积极进展，初步形成了多层次的“一带一路”产能合作机制，但需要进一步完善，例如，缺乏国家层面统筹合作机制，推进“一带一路”产能合作机制的合力不够，与“一带一路”沿线国家和地区产能合作机制有待进一步细化，等等。今后，完善推进“一带一路”产能合作机制，建议国家层面出台统筹推进“一带一路”产能合作机制，明确各地区、各部门推进产能合作的重点领域、重点国别和区域，推动各地、各部门在推进“一带一路”产能合作方面形成合力。落实好我国与“一带一路”沿线国家和地区已签订的产能合作文件，并借鉴我国与新加坡关于苏州工业园区、天津生态城建立的机制做法，建立双边领导人协调机制、部委层面协调机制、项目或园区层面三级协调机制，重点在创新“一带一路”园区和项目合作机制建设。

一、已有的“一带一路”产能合作机制建设特点

总的来看，“一带一路”产能合作主体主要包括政府、市场两大

主体，政府层面主体既包括国家相关部委与地方政府，又包括中国政府与“一带一路”沿线国家和地区；合作机制既有依托现有的机制和平台，又积极建立的新产能合作机制。经过几年建设，已初步形成多层次的“一带一路”产能合作机制。

（一）以政府建立合作平台和机制作为重要推动力

我国政府与“一带一路”沿线国家和地区建立合作机制，搭建合作平台。到目前为止，我国已与埃及、埃塞俄比亚、巴西等世界上40多个国家签署了产能合作文件，与东盟、非盟、拉美和加勒比国家共同体等区域组织进行合作对接，开展机制化产能合作，还与法国、葡萄牙、希腊、加拿大、澳大利亚、日本、韩国、新加坡等签署了第三方市场合作文件。

国家层面明确“一带一路”国际产能合作机制。比如：《关于推进国际产能和装备制造合作的指导意见》（国发〔2015〕30号）明确指出，“充分发挥现有多双边高层合作机制的作用，与重点国家建立产能合作机制，加强政府间交流协调以及与相关国际和地区组织的合作，搭建政府和企业对外合作平台”。

国家部委建立了推进“一带一路”产能合作的合力机制。例如，2017年11月8日，国家发展改革委分别与国家开发银行、中国出口信用保险公司、中国工商银行、中国银行、中国国际金融股份有限公司签署《关于协同推进“一带一路”产能合作框架协议》，建立推进“一带一路”产能合作协同机制。

建立国际产能合作委省协同机制。国家发展改革委和20多个省分别建立的一种协同机制，促进地方政府积极地参与“一带一路”框架下的国际产能合作。

地方政府出台相关政策文件，推进“一带一路”产能合作。例如，湖南省出台《推进国际产能和装备制造合作三年行动计划（2018—2020年）》，北京市出台《推进共建“一带一路”三年行动计划（2018—2020年）》，河北省出台《关于积极参与“一带一路”建设推进国际产能合作的实施方案》。

（二）以建立和完善园区运作的合作机制建设作为重要抓手

我国企业在“一带一路”沿线国家和地区共建合作园区和跨境经济合作区等，以推动建立和完善合作机制。

合作建立境外园区，不断完善合作机制。例如，中马钦州产业园区与马中关丹产业园区开创了“两国双园”合作新模式。为推动和深化合作，中马两国建立了“两国双园”联合合作理事会，完善了司局级联络机制，推动在国际产能合作、跨境电子商务合作、跨境金融开放与合作等方面多领域、高层次的合作。

在园区建立和运作层面，建立合作协调机制。比如：在苏州工业园区建立之初，1994年2月中国和新加坡双方签署《关于合作开发建设苏州工业园区的协议书》《关于借鉴运用新加坡经济和公共管理经验的协议书》和《关于合作开发苏州工业园区商务总协议书》三个重要文件。在园区运作过程中，中国与新加坡合作建设的苏州工业园区、天津生态城等，建立了中国新加坡双边合作联委会会议、中新苏州工业园区联合协调理事会、中新天津生态城联合协调理事会等协调机制。至今，已召开16次中国新加坡双边合作联委会会议，21次中新苏州工业园区联合协调理事会会议、12次中新天津生态城联合协调理事会会议。

（三）以建立对话平台和联盟作为合作机制建设的重要载体

以经常性对话作为“一带一路”产能合作重要机制。例如，2015年初建立中哈产能合作对话机制，至今，中哈两国政府先后举行17轮产能和投资合作对话会。澜湄国家产能合作也建立对话机制。至今，澜沧江—湄公河合作已召开了两次领导人会议、四次澜湄国家产能合作联合工作组司局级会议。

搭建各种对话平台。“一带一路”倡议提出以来，国家部委、地方政府和企业、商会、学术界召开与“一带一路”产能合作相关对话会，包括能源、农业、矿业等相关领域专业对话会，澜沧江—湄公河国家产能与投资合作论坛等举办，形成动态互动机制（见表1）。

表1　　部分论坛对话平台

时间	论坛主题	主办单位
2019年5月	铜川“一带一路”特色产业国际合作对话	铜川市政府和陕西省贸促会主办
2017年12月	“一带一路”与民营矿业国际产能合作暨2017（第三届）中国国际产能合作论坛	中国民营经济国际合作商会与蓝迪国际智库共同主办
2018年10月	2018年中国中部国际产能合作论坛暨企业对接洽谈会	湖北省政府、国家发改委、外交部、商务部、全国工商联、中国贸促会共同主办，山西、安徽、江西、河南、湖南五省协办
2017年9月	“一带一路”国际产能合作产业园区建设论坛	国家发改委会与甘肃省政府主办
2016年9月	“一带一路与走出去”产能合作论坛	广东省福建商会主办
2019年1月	“一带一路”暨中尼产能合作研讨会	中国驻拉各斯总领馆主办

搭建联盟合作机制。以建立联盟合作机制，推动“一带一路”产

能合作。例如，中科院2017年发起成立"一带一路"产业联盟，将中科院的成熟技术、产品和服务，通过产能合作输出到"一带一路"国家和地区。2017年国家发改委国际合作中心发起成立"一带一路"国际产能合作园区联盟。

探索建立第三方市场合作机制。"一带一路"产能合作机制建设，还涉及第三方市场合作机制，积极探索建立相关机制。例如，中国—法国第三方市场合作指导委员会、中国—新加坡第三方市场合作工作组等工作机制相继建立并运行。中国—意大利、中国—奥地利等一系列第三方市场合作论坛成功举办。

（四）既注重现有双边多边机制发挥作用，又探索建立新机制

一方面，立足于现有的双边和多边机制，充分发挥其作用。例如，充分发挥上海合作组织、中国—东盟"10+1"、亚太经合组织（APEC）、中国—海合会战略对话、中阿合作论坛等现有多边合作机制作用，推动产能合作。另一方面，积极探索建立新的机制。例如，到目前为止，中国已与世界上40多个国家和地区签署了产能合作文件，开展机制化产能合作。中国与"一带一路"沿线国家和地区还签署产业领域合作文件。例如，中国与俄罗斯签署了民用航空领域政府间合作文件，与波兰能源部签署了新能源汽车领域合作文件，与柬埔寨、伊朗、孟加拉国、阿富汗等政府有关部门分别签署了信息通信技术合作谅解备忘录，等等。

二、“一带一路”产能合作机制存在的不足

（一）合作机制相对较为分散，缺乏国家层面统筹合作机制

国家层面出台了“一带一路”国际合作的机制。例如，2015 年 3 月国家发展改革委、外交部、商务部联合发布的《推动共建丝绸之路经济带和21 世纪海上丝绸之路的愿景与行动》提出，推动签署合作备忘录或合作规划，建设一批双边合作示范；建立完善双边联合工作机制；强化多边合作机制作用，发挥上海合作组织、中国—东盟“10 + 1”等现有多边合作机制作用。这为“一带一路”产能合作机制建立提供了遵循依据。

总的来看，与“一带一路”产能合作相关机制相对较为分散。一些关于“一带一路”产能合作机制在双边、多边机制中，国家层面也出台了产业领域合作的机制。例如，2017 年 5 月原农业部、国家发展改革委员会、商务部、外交部四部委联合发布《共同推进“一带一路”建设农业合作的愿景与行动》指出，以现有合作机制为基础，不断完善和创新方式，促进“一带一路”农业合作蓬勃发展；加强政府间双边合作，在“一带一路”建设政府间谅解备忘录下推动签署农业合作备忘录或编制农业合作规划。充分发挥现有双边高层合作机制作用，推动更多沿线国家和地区以及相关国际和地区组织建立高水平、常态化农业合作机制。强化多边合作机制作用。发挥重大会议论坛平台作用。在国家层面缺乏专门就“一带一路”产业或产能合作相关的文件或指引，不利于“一带一路”产能合作统筹推进和常态合作机制的建立。

（二）合作机制的合力不够

地方政府之间合力机制有待加强。如表 2 所示，很多地方积极参与“一带一路”建设，出台了不少推进国际产能和装备制造合作、参与“一带一路”建设规划等政策文件，明确重点领域，但对国别布局仍缺乏相对清晰的规划，有的地方明确了国别产能合作重点，但有的地方则没有明确。

部委之间合力还有待进一步提升。国家相关部门积极参与“一带一路”建设，出台相关政策，搭建了相关平台。但合力不够，地方政府与部委之间合作搭台较多，部门合作搭台较少。例如，部门与地方政府合作主办的“一带一路”建设相关论坛多，部门之间联合主办相关论坛相对较少（见表 3）。

表 2　部分地方推进“一带一路”产能合作的政策文件

地方	出台的文件	重点领域	国别
湖南	《湖南省推进国际产能和装备制造合作三年行动计划（2018—2020 年）》	工程机械、轨道交通、钢铁、矿产有色、建筑建材、电力设备、农业、新兴产业、科技研发等 9 个有优势、有潜力的产业和领域	以境外园区为平台，重点推动中国—白俄罗斯工业园中联重科生产基地建设； 在欧美等发达国家实现高铁以及动车组项目的突破，扩大轨道交通出口市场份额； 在印度尼西亚建成湖南省钢铁生产示范性基地； 中冶长天越南钢铁厂项目、土耳其烧结项目、新华联印度尼西亚高炉镍铁项目，争取三年内在东南亚与非洲建立重点矿产资源开发基地； 重点推进肯尼亚多用途引水、毛里塔尼亚农垦复合型糖厂、新西兰奥克兰民生保障房开发等项目；

续表

地方	出台的文件	重点领域	国别
			重点推进特变电工喀麦隆输变电线路、老挝万象变电站及输变电线路建设、中南院泰国WED风电二期、湖南建工加纳电网等工程，争取三年内实现项目落地； 重点推进俄罗斯喀山潇湘农机产业园、隆平高科东帝汶湖南农业产业园和收购巴西陶氏益农西门及生物科技公司股权项目、炫烨农业老挝粮食生产基地等项目，争取通过三年的努力，在重点地区和国别建立10～20个境外农产品合作示范基地； 重点推进中意低碳研究中心、中英绿色环保建设中心、湖南国际技术转移中心（1+N）平台等项目建设
北京	《北京市推进共建“一带一路”三年行动计划（2018—2020年）》	推进“一带一路”科技园区建设。 构建“一带一路”协作创新网络。 统筹推进国际产能合作。 落实本市推进国际产能和装备制造合作实施方案，在电子通信、汽车、轨道交通等重点领域加强合作，创新对外投资方式，支持本市拥有自主知识产权和品牌的领军企业与“一带一路”相关国家和地区开展合作，培育以技术、标准、品牌、质量和服务为核心的竞争优势，推动新技术、新产业、新业态加快成长。鼓励和支持央	鼓励和支持央地企业开展项目合作，参与和推进中白工业园、中柬金边经济特区、南非汽车工业园等产业园区建设，引导企业海外集群化发展

续表

地方	出台的文件	重点领域	国别
		地企业开展项目合作，参与和推进中白工业园、中柬金边经济特区、南非汽车工业园等产业园区建设，引导企业海外集群化发展	
河北	河北省《关于积极参与“一带一路”建设推进国际产能合作的实施方案》	聚焦钢铁、水泥、玻璃、光伏、电力、装备制造、纺织服装、农业、基础设施及高新技术十大行业	钢铁行业。发挥河钢塞钢示范效应，扩大与中东欧国家合作，进一步拓展欧洲市场。面向印度尼西亚、马来西亚、越南、巴基斯坦、印度等亚洲周边国家及非洲重点国家，鼓励省内企业利用现有生产设备开展投资，重点抓好德龙钢铁印度尼西亚项目、新武安钢铁马来西亚项目、武安新峰埃及项目等
宁夏	宁夏回族自治区《推进“一带一路”和内陆开放型经济试验区建设2019年工作计划》	建设经贸合作平台。 务实办好2019中国—阿拉伯国家博览会，聚焦经贸技术合作，创新办会模式，完善办会机制，深入开展对接洽谈，推进一批合作项目落地。 加大境外园区招商推介力度，积极引入有实力的企业，以市场化运作方式推动境外园区项目建设	推进中国—沙特（吉赞）产业园招商引资工作，推动广州泛亚聚酯沙特石油化工化纤一体化等项目建设
广西	《广西参与“一带一路”科技创新行动计划实施方案（2018—2020年）》	实施“一带一路”科技园区合作行动。 1. 共建科技合作园区。推动广西在东盟及“一带一路”相关国家和地区的各类产业园区提升为科技合作园区；鼓励和支持广西有能力的科技园区，在相关国家和	

续表

地方	出台的文件	重点领域	国别
		地区合作共建科技园区，探索在境外开展科技成果转化的新模式和新途径。 2. 加强科技园区合作交流。支持中马钦州产业园创建国家级国际创新园，与马来西亚关丹产业园发挥两国双园合作优势，加强园区之间科技合作交流；支持广西科技园区各类创新主体与相关国家科技园区的创新主体开展对接合作	
浙江	浙江省标准联通共建“一带一路”行动计划（2018—2020年）	深化产业领域标准合作，优化产能协作。立足互联网、物联网、人工智能、云计算、大数据等领域，制定实施一批国际标准，积极争取国际和全国标准化技术委员会秘书处落户浙江，发挥之江实验室等我省国家人工智能标准化总体组成员单位作用，促进数字经济领域产能合作。在纺织服装、皮革等传统优势产业和丝绸、黄酒、农产品加工等历史经典产业，开展与国外先进标准对比分析，加快产业对标达标提标，梳理一批“浙江制造”标准转化为国际标准，建立双边及多边标准合作与互认机制，促进浙江产能优进优出。举办标准国际博览会，提高展会影响，深度融合产业，打造产业“走出去”平台	

续表

地方	出台的文件	重点领域	国别
河南	河南省标准联通参与建设“一带一路”行动计划（2018—2020年）	推进国际产能和装备制造标准化合作，推动实体经济更好更快发展。依托对外投资工程和项目，深化工程项目设计研发、原料采购，生产加工、检验检测和售后服务等领域标准化合作，推动我省中高端客车、现代农机、电气设备、工程装备、食品制造等优势产业技术标准国际应用，助推国际产能合作项目落地。依托具有优势的技术标准，帮助沿线重点国家完善重点领域标准体系，提高标准化信息服务能力，共同推动制定国际标准	
天津	《天津市“一带一路”科技创新合作行动计划(2017—2020年)》	实施“一带一路”科技园区合作行动。 1. 共建国际科技合作园区 推动中欧先进制造产业园等一批国际科技园区建设；鼓励我市有能力的科技园区，在沿线国家建设研发及产业化示范园区，输出科技园区建设运营的新理念、新路径、新模式。 2. 支持国际化创新创业服务体系建设 借助自由贸易试验区、自主创新示范区国际化人才、金融政策优势，开展科技成果转化等创新创业活动；吸引境外创业投资机构，培育具备对接国际创新资源能力	

续表

地方	出台的文件	重点领域	国别
		的众创空间、创客工场、众包平台等一批新型创新创业服务机构，促进跨境、跨界、跨文化的协同创新。 3. 推动科技园区多层次创新主体对接交流 支持企业与沿线国家和地区科技园区内的高科技企业、研发机构、行业组织等，开展技术研发项目对接与合作；支持我市各类科技园区加入国际科技园协会（IASP）等国际园区组织；积极吸引沿线国家和地区的产业联盟、行业协会等重要组织机构在津设立分支机构	
广东	《广东省参与丝绸之路经济带和21世纪海上丝绸之路建设实施方案》	加快投资领域合作。支持企业赴沿线国家和地区投资，在现代农业、先进制造业、现代服务业和跨国经营等方面开展深度合作。努力引导“走出去”企业实施本地化战略，遵守当地法律法规，尊重当地风俗民情，强化企业环保、公益等社会责任意识，为当地创造更多的就业机会，促进当地经济发展，实现互利共赢。 推进海洋领域合作。积极推进与沿线国家和地区在海洋渔业、防灾减灾、生态保护等方面的合作，开展渔业技术交流与培训，建立海洋污染防治协作机制。促进我省企业到沿线国家和地区开	

续表

地方	出台的文件	重点领域	国别
		展海上网箱养殖、岸上设施养殖、良种繁育等方面合作。共同开展近海海洋生态系统保护研究。 推动能源领域合作。利用资金和技术优势，支持电力合作及太阳能光伏发电项目，与沿线国家和地区开展能源贸易、资源开发、节能环保合作。加强与沿线国家和地区在气候变化方面的合作。 拓展金融领域合作。鼓励有条件的省内金融法人机构“走出去”到沿线国家和地区投资发展，吸引沿线国家和地区金融机构来粤设立机构，支持双方金融机构建立沟通协调机制，开展业务合作。支持在沿线国家和地区投资的广东企业与当地金融机构开展合作，共同发展。设立广东丝路基金，支持“一带一路”项目建设。 深化旅游领域合作。积极与沿线国家和地区签订旅游合作框架协议、旅游合作备忘录等整体性协议，深化旅游业规划和资源开放、行业监管、公共服务等领域的国际合作。促进更多的广东游客到沿线国家和地区旅游观光，支持广东企业到沿线国家和地区开展旅游投资合作，建设旅游酒店、旅游景区及旅游基础设施。与沿线	

续表

地方	出台的文件	重点领域	国别
		国家和地区华人商（协）会、大型旅行企业合作，开设广东驻海外旅游合作推广中心。在广州、深圳市建设国际邮轮母港，在珠海、汕头、湛江等市启动邮轮旅游开发。筹划一批跨境丝绸之路主题旅游项目	

表3　　部分国家部委出台推进“一带一路”产能合作的政策文件

部　门	内　容
文化和旅游部	2019年4月公示45个“一带一路”文旅产业国际合作重点项目
国家体育总局和旅游局：《“一带一路”体育旅游发展行动方案（2017—2020年）》	由国家体育总局和旅游局牵头，建立沿线地区体育旅游的工作沟通机制，沿线地区体育和旅游部门要率先建立起联合行动的工作机制；支持沿线地区利用友好城市等平台，建立体育旅游国际交流与合作机制
国家中医药管理局：《中医药“一带一路”发展规划（2016—2020年）》	建立多部门协调机制，推动将“一带一路”中医药建设纳入国家外交、卫生、科技、文化、贸易等发展战略中，制定扶持政策，实施优惠措施，为中医药与“一带一路”沿线国家和地区合作提供强有力的政策保障。推动将中医药合作纳入与沿线国家多、双边合作机制
原文化部：《文化部“一带一路”文化发展行动计划（2016—2020年）》	动漫游戏产业“一带一路”国际合作行动计划

（三）合作机制有待进一步细化

从查阅到的相关合作机制内容看，总体较为原则化，对合作中的风险处理、合作成果落实机制和跟踪机制等有待进一步健全。例如，2015年5月《中华人民共和国与俄罗斯联邦关于丝绸之路经济带建设和欧亚经济联盟建设对接合作的联合声明》指出，促进相互投资便利化和产能合作，实施大型投资合作项目，共同打造产业园区和跨境经济合作区；双方支持启动中国与欧亚经济联盟对接丝绸之路经济带建设与欧亚经济一体化的对话机制，并将推动在双方专家学者参与下就开辟共同经济空间开展协作进行讨论；双方将成立由两国外交部牵头、相关部门代表组成的工作组，协调上述领域的合作；双方将通过中俄总理定期会晤机制及其他双边合作机制，监督上述共识的落实进程。2017 年《中华人民共和国国家发展和改革委员会与阿拉伯联合酋长国经济部关于加强产能与投资合作的框架协议》指出，双方同意，在平等互利的基础上，根据各自国内法律，遵循商业原则，加强在油气加工、有色、建材等领域的产能与投资合作；因本协议的解释或执行产生的任何分歧，双方将通过协商一致方式予以解决。2016 年 9 月 7 日中华人民共和国和东盟国家领导人在老挝万象发表《中国—东盟产能合作联合声明》提出，鼓励以商业原则为主导的产能合作。以上这些声明，对产能合作成果落实和跟踪机制，有待进一步加强。

（四）企业参与合作机制建设不够

总体来看，企业积极参与“一带一路”建设，但参与“一带一路”沿线国家和地区产能合作机制建设不够，企业相关诉求难以及时体现到机制建设之中；在相关机制建设之中，主要是政府发挥较多、较大的作用，企业参与不多、不深。中国、“一带一路”沿线国家和地区的企业对如何参与“一带一路”产能合作，不是非常清楚，也就难以参与产能合作机制建设。

三、完善推进“一带一路”产能合作机制的政策建议

（一）出台统筹合作机制，明确全国各地参与产能合作的重点国家

在国家层面，就“一带一路”产业或产能合作出台相关的文件或指引，推动“一带一路”产能合作机制的建立。按照“一带一路”高质量发展要求，明确各地区、各部门推进产能合作的重点领域、重点国别和区域，推动各地、各部门在推进“一带一路”产能合作形成合力。建议全国各省市与“一带一路”沿线国家和地区开展产能合作时，选择一些重点国家开展合作，并在国家层面形成统筹，形成和而不同的局面。

（二）根据合作重点，实施有灵活多样的合作机制

根据我国与“一带一路”沿线国家和地区产能合作的重点，因地制宜，实施有助于推进产能合作的机制，可实施“一国一策”“一园区一策”“园中有园”的合作机制。积极鼓励并支持探索灵活多样的合作机制，支持探索市场层面的产能合作。

（三）借鉴中国与新加坡合作机制，创新合作机制

对我国已签订的“一带一路”产能合作文件，下一步将产能合作文件落实好，扎实推进“一带一路”产能合作。建议按照产能合作文件规划或要求，建立定期报告合作成果制度；参考中国与新加坡关于苏州工业园区、天津生态城建立的机制做法，建立与“一带一路”沿线国家和地区建立联合协调理事会机制（双边领导人协调

机制）、联合工作委员会（双边部委层面协调机制）、项目联合实施委员会（项目或园区层面协调机制），推动产能合作能落地。

（四）重点在创新“一带一路”园区和项目合作机制建设

在“一带一路”产能合作上，政府搭建了平台、建立机制，发挥了积极作用。下一步重点着眼于“一带一路”沿线园区和项目合作机制建设，在园区和项目的收益分享、风险分担和运作模式等加强建设，实实在在推动“一带一路”产能合作机制建设。

执笔人：赵福军

参考文献

[1]《国务院关于推进国际产能和装备制造合作的指导意见》，国发〔2015〕30号

[2] 国家发展改革委、外交部、商务部联合发布《推动共建丝绸之路经济带和21世纪海上丝绸之路的愿景与行动》，2015年3月28日

[3] 推进“一带一路”建设工作领导小组办公室．共建“一带一路”倡议：进展、贡献与展望，2019年4月